U0516136

BLUE BOOK

智 库 成 果 出 版 与 传 播 平 台

女性生活蓝皮书
BLUE BOOK OF WOMEN'S LIFE

中国女性生活状况报告 *No.16*（2023）

ANNUAL REPORT ON CHINESE WOMEN'S STATE OF LIFE No.16 (2023)

中国妇女杂志社
组织编写／华坤女性生活调查中心
华坤女性消费指导中心
主　　编／綦淑娟

社会科学文献出版社
SOCIAL SCIENCES ACADEMIC PRESS (CHINA)

图书在版编目（CIP）数据

中国女性生活状况报告 . No.16，2023／綦淑娟主编
. --北京：社会科学文献出版社，2023.12
（女性生活蓝皮书）
ISBN 978-7-5228-3114-5

Ⅰ.①中…　Ⅱ.①綦…　Ⅲ.①女性-生活状况-研究
报告-中国-2023　Ⅳ.①D669.68

中国国家版本馆 CIP 数据核字（2023）第 253768 号

女性生活蓝皮书
中国女性生活状况报告 No.16（2023）

主　　编／綦淑娟

出 版 人／冀祥德
责任编辑／张建中
文稿编辑／王雅琪
责任印制／王京美

出　　版／社会科学文献出版社·政法传媒分社（010）59367126
　　　　　地址：北京市北三环中路甲 29 号院华龙大厦　邮编：100029
　　　　　网址：www.ssap.com.cn
发　　行／社会科学文献出版社（010）59367028
印　　装／天津千鹤文化传播有限公司

规　　格／开 本：787mm×1092mm　1/16
　　　　　印 张：12.75　字 数：165 千字
版　　次／2023 年 12 月第 1 版　2023 年 12 月第 1 次印刷
书　　号／ISBN 978-7-5228-3114-5
定　　价／138.00 元

读者服务电话：4008918866

致　谢

"中国城市女性生活状况调查（2022年）"和"十城千家阅读现状调查"得到以下妇联组织的大力支持，特此感谢。

北京市妇联

吉林省长春市、四平市妇联

上海市妇联

浙江省杭州市、嘉兴市妇联

安徽省合肥市、宿州市妇联

湖北省武汉市、黄冈市妇联

广东省广州市、汕头市妇联

重庆市妇联

贵州省贵阳市、黔西南布依族苗族自治州妇联

青海省西宁市、海南藏族自治州妇联

主要编撰者简介

綦淑娟 博士，中国妇女杂志社社长，中国期刊协会常务理事。毕业于北京大学社会学系。曾在《中国社会科学》《社会学研究》《妇女研究论丛》《中华女子学院学报》等刊发论文。长期从事妇联宣传和网络新媒体工作。作为主要参与者之一撰写男女平等基本国策宣讲提纲，用于印发各地宣讲国策；发挥专业所长，作为主要组织者、执笔人，主持实施了"全国万名妇女思想状况问卷调查""全国万户家庭思想道德状况问卷调查""新业态就业女性群体思想状况调查"等全国妇联重点调研项目。

杜 洁 博士，研究员，全国妇联妇女研究所所长，中国妇女研究会秘书长。主要研究方向为妇女研究、社会性别与发展、公共政策、妇女参政、国际妇女运动和妇女组织。组织编写和参与撰写的代表作有《中国特色社会主义法治体系建设中的妇女权益保障研究》《性别平等的法律与政策——国际视野与本土实践》《中国妇女研究年鉴（2011—2015）》《国际妇女运动和妇女组织》等，以及多本有关性别平等与妇女发展的白皮书及智库报告。

吴宝丽 中国妇女杂志社副社长，中国家庭文化研究会副会长，中国妇女报刊协会副会长。曾获"全国新闻出版行业领军人才"称号。是"女性生活蓝皮书"《中国女性生活状况报告 No. 14（2021）》中

《2019 年中国新时代家庭家教家风调查报告》的主要执笔者、《形体透视生活——2020 年中国城市女性形体健康管理状况调查报告》的执笔者之一；是"女性生活蓝皮书"《中国女性生活状况报告 No. 15（2022）》中《乳腺癌患者生活状况调查报告》和《新生代女性健康生活方式调查报告》的主要执笔者。

位 亮 副译审，中国妇女杂志社副总编辑/副社长。近年来负责编辑出版了《团结抗疫 巾帼在行动》《小家与大党》等中英文图书、画册，其中《小家与大党》中英文图书入选中宣部 2021 年主题出版重点出版物、《人民日报》"庆祝中国共产党成立 100 周年推荐书单"等。

刘 萍 编审，中国妇女杂志社副总编辑兼全媒体中心主任，《婚姻与家庭》杂志总编辑，中国婚姻家庭研究会副秘书长。出版个人作品集《伊人味道》，主编心理学普及读物《只想和你过好这一生》《只想和你好好生活》《这样做父母就对了》等；是"女性生活蓝皮书"中 2019~2020 年、2021 年《中国城市女性生活质量调查报告》和《中国城市女性及家庭消费状况调查报告》的主要执笔者。

摘　要

　　本书通过《为全面建设社会主义现代化国家贡献巾帼力量——2022 年中国女性生活状况总报告》及《第 17 次中国城市女性生活质量调查报告（2022 年）》《2022 年中国城市女性及家庭消费状况调查报告》《女性以家庭阅读引领美好生活——解读〈十城千家阅读现状调查报告〉》《关于广东中山、顺德"妈妈岗"有关情况的调研报告》《服务"四新"女性，助力"卡姐"发展——货运行业女性从业者（女性卡车司机及"卡嫂"）帮扶需求前期调研报告》5 篇调研报告，从不同角度展现了广大妇女巾帼心向党、奋进新征程，在各行各业书写了不平凡的成就，为全面建设社会主义现代化国家贡献巾帼力量。

　　2022 年，城市女性生活总体满意度为 7.20 分。其中，幸福感满意度为 7.73 分，家庭生活满意度为 7.65 分，身心健康满意度为 7.61 分，居住环境满意度为 7.44 分，工作状况满意度为 7.34 分，家庭收入满意度为 6.47 分，个人收入满意度为 6.20 分。被调查女性政治素养大幅提升，自觉听党话、跟党走；积极就业创业，在经济社会发展中发挥"半边天"作用；家事升为国事，在"依法带娃"中提升家庭教育素养；对法律政策的知晓度普遍较高，法治意识较强；利用线上线下平台，积极参与基层社会治理；健康意识增强，关注身心健康发展。

　　2022 年，被调查女性及家庭大项支出中，生育养育教育孩子、买房/租房/装修、看病/康养/保健/买保险位居前三，旅游消费逐步恢复，旅游方式多样。在追逐消费新潮流上，"购物时精打细算""宅家网购/团购""买绿色节能家电、环保家具等"位居前三。在消费投资上，被调查女性更偏爱低风险产品。总体来看，健康消费受青睐，绿色消费更环保，品质消费更美好，品牌消费更推崇，网络消费更便利，消费投资更谨慎。

2022年，96.6%的家庭有阅读习惯，80.8%的家庭有买书/订报刊支出，18.4%的家庭年阅读量在30本及以上，"书香飘万家"氛围浓厚。家是读书的第一场所，家里/书房位居家庭阅读场所第一，占84.5%。孩子和妈妈成为家庭"领读者"，形成书香家风。在家庭阅读方式中，54.4%的被访者选择了纸质读物（图书、报纸、期刊），超八成被访者表示家里有要保存下来的藏书。调查结果显示，女性在家庭阅读习惯的养成、书香家风的形成中发挥着独特作用。

"三孩"生育政策实施后，为帮助女性平衡工作与家庭，广东中山、顺德两地妇联响应政策号召，联合企业为育儿妇女设置了"妈妈岗"弹性工作制度，帮妈妈们减轻经济负担，解决育儿和工作无法平衡的难题。针对中山、顺德两地"妈妈岗"的调研结果显示，"妈妈岗"不仅有助于生育后妇女重返岗位或实现再就业，助力其兼顾工作和育儿，而且能盘活富余劳动力，缓解企业"用工难"困境，实现妇女、企业双赢。

围绕全国妇联服务新领域、新业态、新阶层、新群体"四新"女性的工作要求，对货运行业女性群体中的女性卡车司机及"卡嫂"（统称为"卡姐"）群体的工作生活状况进行调研发现，目前该群体最突出的五大需求分别是行车体验、健康安全、亲子家庭、职业发展、人际社交。从五大需求出发，相关组织研究设计支持她们全面发展和家庭建设的公益项目，履行引领、服务、联系妇女群众的职能，让"卡姐"这一群体切实感受到党和国家的关怀，感受到来自妇女和公益组织的温暖，提升获得感、幸福感和安全感，促进家庭和谐幸福，推动社会和谐发展。

关键词： 女性生活质量　女性及家庭消费　家庭阅读　"妈妈岗"
女性卡车司机及"卡嫂"

目 录 ↖⤵

I 总报告

II 女性及家庭生活状况调查

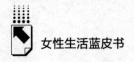
皮书数据库阅读**使用指南**

总 报 告
General Report

B.1

为全面建设社会主义现代化国家
贡献巾帼力量

——2022年中国女性生活状况总报告

中国妇女杂志社　华坤女性生活调查中心　华坤女性消费指导中心*

摘　要： 2022年是党和国家历史上极为重要的一年。广大妇女巾帼心向党、奋进新征程，在各行各业书写了不平凡的成就，为全面建设社会主义现代化国家贡献巾帼力量。妇女的政治觉悟不断提升，历史责任感和主人翁意识进一步增强；法治意识不断增强，参与社会治理更加积极主动；积极就业创业，成为推动经济高质量发展的重要力量；引领家庭文明风尚，在家庭家教家风建设中发挥重要作用；推

---

*　调研组组长：綦淑娟，中国妇女杂志社社长。副组长：位亮，中国妇女杂志社副总编辑/副社长。主要执笔人：杜洁，全国妇联妇女研究所所长，中国妇女研究会秘书长，主要研究方向为妇女研究、社会性别与发展、公共政策、妇女参政、国际妇女运动和妇女组织。

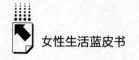
崇绿色健康文化，以奋斗创造幸福美好生活。本报告从三个方面提出推动妇女发展的建议：坚持以习近平新时代中国特色社会主义思想为指导，贯彻党中央关于妇女事业发展的决策部署；深入贯彻落实男女平等基本国策，不断完善促进男女平等和妇女全面发展的制度机制；支持妇女充分发挥"半边天"作用，团结引领妇女建功新时代、奋进新征程。

关键词： 女性生活质量　女性及家庭消费　家庭家教家风

2022年是党和国家历史上极为重要的一年。党的二十大胜利召开，描绘了全面建设社会主义现代化国家的宏伟蓝图，中国踏上了全面建设社会主义现代化国家新征程，向第二个百年奋斗目标进军。面对风高浪急的国际环境和艰巨繁重的国内改革发展稳定任务，以习近平同志为核心的党中央团结带领各族人民迎难而上，取得了高效统筹疫情防控和经济社会发展等一系列突破性进展，以及北京冬奥会、冬残奥会成功举办等标志性成果，在统筹推进"五位一体"总体布局、协调推进"四个全面"战略布局中高度重视发挥妇女"半边天"作用，推进妇女事业高质量发展。广大妇女巾帼心向党、奋进新征程，在各行各业书写了不平凡的成就，为全面建设社会主义现代化国家贡献巾帼力量。

本报告基于2022年女性生活相关调查研究成果，围绕注重发挥妇女的"两个独特"作用，引领妇女做伟大事业的建设者、文明风尚的倡导者和敢于追梦的奋斗者，总结提炼妇女发展的新进展新成绩，梳理分析妇女发展的问题，为继续推进男女平等和妇女全面发展提出对策建议。

一　2022年女性生活总体评述

2022年进行的调查显示，城市女性生活满意度继续保持在较高水平，大多数妇女感到生活幸福，对家庭生活、身心健康、居住环境、工作比较满意。妇女的政治觉悟不断提升，历史责任感和主人翁意识进一步增强；法治意识不断增强，参与社会治理更加积极主动；积极就业创业，成为推动经济高质量发展的重要力量；引领家庭文明风尚，在家庭家教家风建设中发挥重要作用；推崇绿色健康文化，以奋斗创造幸福美好生活。本报告从三个方面提出推动妇女发展的建议：坚持以习近平新时代中国特色社会主义思想为指导，贯彻党中央关于妇女事业发展的决策部署；深入贯彻落实男女平等基本国策，不断完善促进男女平等和妇女全面发展的制度机制；支持妇女充分发挥"半边天"作用，团结引领妇女建功新时代、奋进新征程。

（一）政治觉悟不断提升，历史责任感和主人翁意识进一步增强

一是深入学习贯彻习近平新时代中国特色社会主义思想和党的二十大精神，理想信念更加坚定。广大妇女积极参与学习贯彻党的二十大精神相关活动，进一步夯实团结奋斗的共同思想基础。《第17次中国城市女性生活质量调查报告（2022年）》显示，对"召开党的二十大，以中国式现代化全面推进中华民族伟大复兴"印象深刻的被调查女性的比例高达84.5%。这一方面体现了全国上下掀起的学习贯彻党的二十大精神热潮不断升温，各级妇联组织生动活泼的宣讲深入人心；另一方面体现了广大妇女越来越关心国内外大事，自觉地把个人的命运与民族、国家命运紧密地联系起来，牢牢把握实现中华民族伟大复兴的时代主题。93.0%的被调查女性参加过政治学习/培

训，60.7%的被调查女性认为自己在"浏览时政新闻，努力提高思想政治素质"方面做得很好，62.8%的被调查女性认为自己在"看红色主题电视剧/电影，知史爱国"方面做得很好。

二是衷心拥护并积极参与落实党和国家的重大决策部署，牢固树立"四个自信"。广大妇女密切关注疫情防控取得重大决定性胜利、巩固脱贫攻坚成果、全面推进乡村振兴等突破性进展，热情点赞神舟十三号、十四号、十五号接力腾飞和中国空间站全面建成等标志性成果，以及北京冬奥会、冬残奥会成功举办等增进世界人民团结互信的国际盛会。她们立足本职岗位，用各种方式积极奉献，并从这些骄人成就中增强自豪感，更加坚定了在党的领导下实现中国梦的信心和决心。

三是争做建设者、倡导者、奋斗者，方向目标更加明确。习近平总书记"希望广大妇女做伟大事业的建设者、文明风尚的倡导者、敢于追梦的奋斗者"[①]的重要论述，激励着广大妇女积极投身中国式现代化新征程，在国家经济社会发展中积极发挥"半边天"作用。近六成（59.7%）被调查女性肯定了自身在做建设者、倡导者、奋斗者方面的努力，体现了习近平总书记的论述深入人心；近八成（78.4%）被调查女性认为自己在"遵守常态化疫情防控各项要求，筑牢个人和家庭健康屏障"方面做得很好，体现了广大妇女群众积极践行习近平总书记的重要指示，在各条战线主动作为、勇挑重担、争创一流，为防住疫情、稳住经济、促进安全发展做出积极贡献。

（二）法治意识不断增强，参与社会治理更加积极主动

一是对法律、政策的知晓度普遍较高。被调查女性对《中华人

---

① 《时代召唤巾帼 拼搏成就梦想——广大妇女牢记习近平总书记嘱托争做建设者倡导者奋斗者》，中国政府网，2022年3月2日，http://www.gov.cn/xinwen/2022-03/02/content_5676508.htm。

民共和国劳动合同法》、《中华人民共和国民法典》、新修订的《中华人民共和国妇女权益保障法》、《中华人民共和国反家庭暴力法》、《中华人民共和国个人信息保护法》、《中华人民共和国人口与计划生育法》、《中华人民共和国家庭教育促进法》、《女职工劳动保护特别规定》的知晓度均接近甚至超过九成，男女平等基本国策深入妇女群众内心。被调查女性对国际公约的知晓度也在提升，对《消除对妇女一切形式歧视公约》的知晓度达85.0%。

二是守法和依法维权意识不断增强。女性敢于打破沉默，反映自己在职场中遭遇的性别歧视和性骚扰，年轻女性主体意识与权利意识较上一代更强。女性作为消费者的维权意识不断增强，年轻女性消费维权意识更强，更勇于向消协、便民热线投诉。

三是参与社会事务和民主管理的意识和能力进一步增强。越来越多的妇女热情参与各项社会事务。大多数被调查女性参加过社会公益活动、政治学习/培训、社区管理/服务/监督活动以及妇委会、女职工委员会或妇联组织的活动。32岁及以下的被调查女性"在网上评论或转发重大新闻/社会公共事件等"的比例更高，38~57岁的被调查女性参加社会公益活动的比例为95.0%左右。她们以强烈的服务意识、旺盛的精力与热情积极投身社会公益活动。

（三）积极就业创业，成为推动经济高质量发展的重要力量

一是女性就业形态多元化趋势日益明显。国家统计局数据显示，2021年就业人员中女性占比为43.1%，城镇非私营单位就业人员中女性占比为40.3%。女性就业岗位既有党政机关、事业单位、居委会自治组织，也有国有企业、外资/合资企业、民营/私营企业、个体工商户等，更有包括平台主播、网店店主、快递员、外卖骑手、网约车司机、货运平台司机、网络写手等在内的新兴行业。《服务"四

新"女性，助力"卡姐"发展——货运行业女性从业者（女性卡车司机及"卡嫂"）帮扶需求前期调研报告》显示，大量女性活跃在货运行业的不同岗位，为货运行业的繁荣做出了重要贡献，她们在个人发展与家庭建设等方面也存在多元需求，如提升行车便利性与舒适性、提升就业技能、寻找创业机会和扩大社交圈子。

二是在现代化产业体系建设中，女性就业层级不断提升。在建设制造强国、质量强国、航天强国、交通强国、网络强国、数字强国的过程中，女性科技人才的比例不断提升，她们的知识和才能得到重视和发挥；在加快发展数字经济、物联网方面，据2022年《数字经济与中国妇女就业创业研究报告》测算，数字经济在贸易、电商、直播等领域创造了5700万个女性就业机会，涌现出一大批女网店店主、女主播等领军人物，成为建设现代化经济体系的重要力量。

三是城市女性及家庭的消费对经济发展的积极作用进一步凸显。《2022年中国城市女性及家庭消费状况调查报告》显示，96.5%的被调查女性有自己的收入，过半数家庭收入为6万（不含）~24万元，女性个人收入成为支撑家庭的重要经济力量。女性在消费中的特点体现为健康消费受青睐、绿色消费更环保、品质消费更美好、品牌消费更推崇、网络消费更便利、消费投资更谨慎。青年女性和家庭呈现出新的消费特点，包括宅家网购/团购、更注重健身养生等，特别是年轻女性更热衷国货国潮品牌。女性在消费中发挥了重要作用，助力拉动内需和推动经济发展。

（四）引领家庭文明风尚，在家庭家教家风建设中发挥重要作用

一是注重情感培养，不断提升婚姻品质。其一，在婚姻中营造互谅互爱、互相扶持的良好氛围。为了和家人多交流，近七成（68.2%）被调查女性注重营造相亲相爱、和谐家庭，超四成被调查女性主动控

制手机使用时间，为家人解压，营造家庭"松弛感"氛围。其二，夫妻共同承担家庭责任更普遍。超七成（70.8%）被调查女性注重夫妻共同育儿、共担家务，强化了夫妻双方对家庭的共同责任感。其三，崇尚新的婚姻家庭生活方式。47.9%的被调查女性认为应该"简约适度、绿色低碳生活"，30.6%的被调查女性认同"节俭办婚事，支持低彩礼、零彩礼"。

二是更加重视家庭教育，注重采用科学方法。其一，"依法带娃"意识不断增强。2022年1月1日起，《中华人民共和国家庭教育促进法》正式实施，要求未成年人的父母或者其他监护人实施家庭教育，合理运用9条方式方法。50%～60%的被调查女性认为自己在家庭教育方面做得很好。其二，注重家庭教育的质量。认为自己在"平等交流，予以尊重、理解和鼓励"方面做得很好的被调查女性最多，其次是"相互促进，父母与子女共同成长"和"亲自养育，加强亲子陪伴"。以上结果表明，在亲子教育中，大多数女性能做到尊重与陪伴。其三，积极配合做好减轻子女课业负担工作。被调查女性积极响应"双减"政策新要求，做新时代合格家长。

三是弘扬中华民族家庭美德，在树立新时代良好家风方面发挥独特作用。其一，广大妇女把培养好孩子、建设好家庭，以"小家"好家风支撑起"大家"好风气作为己任，多数被调查女性非常注重家庭家教家风建设，发挥在社会生活和家庭生活中的独特作用。其二，将中华优秀传统文化与社会主义核心价值观相结合，为推动形成爱国爱家、相亲相爱、向上向善、共建共享的社会主义家庭文明新风尚积极奉献。被调查女性崇尚尊老爱幼、夫妻和睦、男女平等、诚实守信、勤俭持家等好家风。越来越多的妇女和家庭将"赓续红色传统，感悟优良家风"作为家庭建设的好做法。

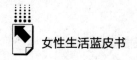

（五）推崇绿色健康文化，以奋斗创造幸福美好生活

一是注重提高生活品质，闲暇生活丰富多彩。其一，女性的闲暇时间多花在与家庭有关的事务上，近七成（68.9%）被调查女性会在闲暇时间"陪伴孩子和家人"，近六成（55.5%）被调查女性选择"美化家居、收纳整理、做家务等"，体现了妇女在提升家庭生活品位和质量中发挥着重要作用。其二，女性在闲暇时间选择适当放松，如和朋友聚会、逛街、逛公园，以及去各种"网红"场所、餐厅、景点等"打卡"。其三，还有女性在闲暇时间选择自我提升，如健身、运动锻炼及阅读、听课等自主学习。被调查女性也会在闲暇时间参与志愿服务、公益活动，服务社会。"十城千家阅读现状调查"结果显示，阅读成为女性经营家庭、实施家教、传承家风的抓手，通过家庭阅读传播科学的家庭教育理念，培养儿童良好的阅读习惯，树立家庭文明新风尚。还有很多女性不仅打造着自家的读书频道，也活跃于社会，做阅读推广人，带动越来越多的"悦"读之家。

二是积极践行绿色、健康的生活方式。其一，注重绿色消费。2022年，被调查女性及家庭大项支出中，孩子、房子、健康成首选，旅游消费逐步恢复，旅游方式多样。在追逐消费新潮流上，"购物时精打细算""宅家网购/团购""买绿色节能家电、环保家具等"位居前三。其二，注重身心健康。多数被调查女性"保持乐观、开朗、豁达的生活态度""注重科学健康饮食，吃低卡、零碳食品""减少熬夜，养成早睡早起好习惯""增加运动，经常参加体育锻炼"。面对压力，被调查女性选择"自我疏导，与压力和解"，通过"阅读、听音乐、运动等兴趣爱好"释放压力、调整情绪。通过"看医生，接受专业治疗"和"参加公益慈善、社群活动"释放压力的被调查女性增多，说明她们积极主动用科学方法减轻压力的意识在增强。其三，女性积极参加兴趣活动组织（读书会、跑步群等）、民间自助/互助组织（家长群、育儿群等）、网络社群（豆瓣小组、B 站社区、腾讯 QQ 群、微信朋友圈等）、专业/行业性组织（企业家协会、摄影协会等），不但丰富了生活，而且有效预防或化解了心理焦虑。

三是被调查女性的生活满意度继续保持在较高水平。2022 年，城市女性在身心健康、幸福感、工作状况、家庭生活（包括家庭关系、生活质量等）、居住环境（包括住房条件、社区生活、空气质量等）、个人收入、家庭收入 7 个方面都有较高的满意度。生活满意度平均分为 7.20 分，各指标按分值从高到低排序依次为幸福感满意度、家庭生活满意度、身心健康满意度、居住环境满意度、工作状况满意度、家庭收入满意度、个人收入满意度，充分体现了尽管受到疫情和经济下滑等不利因素的影响，党和国家的惠民政策还是很好地保障了妇女及其家庭的生产生活，妇女群众拥有积极向上的生活态度。

二　女性及家庭的新需求新期待

（一）希望扫除公平就业障碍，期待得到就业/创业和生育友好政策支持

一是高质量充分就业面临困难和挑战，被调查女性希望能提供政策支持。部分行业的女性对工作环境、收入及职业前景的满意度有待提升，如新业态新就业女性群体反映工作时间长（每天工作 8 小时及以上）、收入水平一般或不太高。24.7% 的被调查女性期望能获得"就业/创业支持"。

二是职场性别歧视依然存在，被调查女性希望这一问题能得到有效治理。虽然男女平等在社会各层面取得了长足进步，但当前职场性

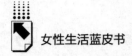

别歧视问题依然存在。特别是由于"三孩"生育政策的配套措施还没有全部到位，用人单位为减少生育附带的成本而拒绝录用女性的现象仍然存在。

三是职场性骚扰时有发生，被调查女性希望能建立健全相关预防和惩治机制。职场性骚扰对女性身心、工作场所乃至社会造成不利影响。被调查女性期待能有更加安全友好的工作环境，人身权益能得到切实保护。

四是平衡工作和生育的矛盾突出，被调查女性希望出台生育友好政策。目前，生育与工作、生育意愿与生育行为、生育支持与妇女发展等方面存在多维冲突，影响了生育政策的落地落实。被调查女性希望出台生育友好政策，如育儿补贴、津贴，弹性工作时间/灵活办公方式，产假、育儿假，普惠托育服务和母婴室/哺乳室。本次调查中，近六成（59.6%）的职场女性期望有弹性工作时间/灵活办公方式，子女数量越多的女性越倾向于选择灵活的工作方式，她们期待家庭友好型工作场所的创建。在鼓励"宝妈"在职场中施展能力、创造经济价值的同时，需要关注生育对女性职业发展的影响。《关于广东中山、顺德"妈妈岗"有关情况的调研报告》显示，"妈妈岗"不仅有助于生育后妇女重返岗位或实现再就业，助力其兼顾工作和育儿，而且能盘活富余劳动力，缓解企业"用工难"困境，实现妇女、企业双赢。被调查女性认为，"妈妈岗"不仅工作时间弹性灵活、能兼顾家庭，工作地点离家近、上下班方便，能带来稳定收入、缓解经济压力，而且工作环境宽松、包容，能够理解"妈妈"的不容易，为她们提供了重拾职业理想的机会。

（二）希望恋爱婚姻家庭幸福，期待创新家庭服务内容和模式

一是不同年龄段的女性期望获得的服务类型有所不同，从中也可

以看出不同年龄段女性的生活状态。27 岁及以下的被调查女性希望得到"婚恋辅导、婚介服务"和"就业/创业支持"的比例更高；28~37 岁的被调查女性对"便利可及的普惠托育服务"的需求更高，这个年龄段的女性正处于生育和养育孩子的高峰期，因此对普惠托育服务的需求也最旺盛；33~42 岁的被调查女性亟须获得"家庭教育指导服务"；48 岁以上的被调查女性对"多层次多样化医疗健康服务"的需求较高；在"家事调解和维权服务"方面，58~65 岁的被调查女性需求较高。

二是对家政服务有更高的期待。随着我国"三孩"生育政策实施和人口老龄化进程加快，居民的家庭生活照料需求旺盛。目前，妇女仍然承担着主要的照料工作。超三成（31.5%）被调查女性希望有"职业化、规范化、高质量的家政服务"，越来越多的家庭关注家政服务业的快速发展，社区智能看护、长者食堂等照护服务也受到青睐。

三是对家庭教育的需求更为具体。女性希望丈夫更多参与对孩子的照料和教育。43.3%的被调查女性期望能够获得"家庭教育指导服务"。子女数量不同的女性在"依法带娃"的表现上有所差异，有 2~3 个孩子的女性在"依法带娃"上面临困难，在自己投入更多时间和精力的同时，更需要社会支持。

四是对降低生育、养育、教育成本更加期待。虽然我国部分省份的规定产假有所延长，但仍然面临难落地的现实困境。2022 年一项有关企业生育成本负担对女性就业影响的调研发现，在有女职工生育的 930 个被访企业中，63.40%的企业没有执行延长产假政策。普惠托育、育儿补贴、弹性办公等成为很多夫妇和家庭在降低生育、养育、教育成本方面的期待，构建生育友好的就业环境、鼓励实行灵活的工作方式势在必行。

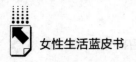

（三）希望保持健康、缓解压力，期待得到多层次多样化医疗健康服务

一是健康意识有待增强。调查发现，部分被调查女性不太注重疾病预防、打疫苗、体检，家里没有常备药品、急救包、慢性病监测设备，不注意居室美化、收纳整理、防护消毒。调查显示，被调查女性希望能有"多层次多样化医疗健康服务"，能够在"家门口"享受到优质的医疗健康服务。

二是对自身和家人健康的担忧有所增加。五成被调查女性担心身心健康，面临多重压力。被调查女性面临的压力主要来自健康、工作、经济、育儿等方面。调查发现，关于被调查女性压力的来源，选择比例最高的是"担心自己及家人身心健康"（52.5%）。2022年底疫情防控政策的调整，使人们进入一个新的"适应期"，如何保持自己和家人的健康成为被调查女性生活的重中之重。此外，被调查女性面临工作和家庭难平衡、育儿焦虑、职场焦虑、婚恋问题等多重压力。

三是不同婚姻状态的女性面临的压力和需求有所不同。未婚女性的压力主要来源于婚恋问题、职场焦虑以及社交恐惧；已婚女性的育儿焦虑更为突出；离异女性的压力主要来源于婚恋问题、经济问题；再婚女性的压力主要来源于家庭关系紧张。调查也发现，面对压力，选择"看医生，接受专业治疗"和"网络/线上咨询求助"的被调查女性的比例较低。还有少数被调查女性表示"无合适的排解渠道"。63~65岁的被调查女性选择"无合适的排解渠道"的占比较高。随着人口老龄化程度的加剧，我国老年人口心理健康问题日益突出。关注老年女性的心理健康，为她们提供合适的减压方式，对建设健康中国具有重要意义。

三 推动妇女全面发展的建议

习近平总书记强调，保障妇女儿童合法权益、促进男女平等和妇女儿童全面发展，是中国式现代化的重要内容①。

党的二十大开启了以中国式现代化全面推进中华民族伟大复兴的新征程，身处伟大时代的中国女性使命更加光荣、责任更加重大、舞台更加广阔。要充分发挥妇女在社会生活和家庭生活中的独特作用，显著增强妇女的获得感、幸福感、安全感，就要抓住重要历史契机，坚持以习近平新时代中国特色社会主义思想为指引，贯彻落实男女平等基本国策，在统筹推进"五位一体"总体布局、协调推进"四个全面"战略布局中，充分发挥妇女在全面建设社会主义现代化国家中的"半边天"作用，保障妇女平等依法行使民主权利、平等参与经济社会发展、平等享有改革发展成果，实现更高水平的男女平等和妇女全面发展。

一是坚持以习近平新时代中国特色社会主义思想为指导，贯彻党中央关于妇女事业发展的决策部署。其一，要学深悟透党的二十大精神，更加深刻理解"两个确立"的决定性意义，坚决做到"两个维护"，深刻领会全面建设社会主义现代化国家对妇女发展提出的新要求；其二，要学习贯彻习近平总书记关于妇女儿童和妇联工作的重要论述、关于家庭家教家风建设的重要论述，深刻理解在推进中国式现代化进程中促进男女平等和妇女全面发展的重大意义；其三，要落实习近平总书记重要论述和党中央决策部署，需要各级党委和政府高度

---

① 《习近平在同全国妇联新一届领导班子成员集体谈话时强调 坚定不移走中国特色社会主义妇女发展道路 组织动员广大妇女为中国式现代化建设贡献巾帼力量》，"新华网"百家号，2023年10月31日，https://baijiahao.baidu.com/s?id=1781181894566242550&wfr=spider&for=pc。

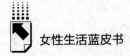

重视妇女发展，在统筹推进"五位一体"总体布局、协调推进"四个全面"战略布局中促进男女平等和妇女全面发展。

二是深入贯彻落实男女平等基本国策，不断完善促进男女平等和妇女全面发展的制度机制。其一，党的十八大以来，以习近平同志为核心的党中央将"坚持男女平等基本国策，保障妇女儿童合法权益"①写入党的施政纲领，作为治国理政的重要内容。习近平总书记对深入贯彻落实男女平等基本国策提出具体要求，强调要在出台法律、制定政策、编制规划、部署工作时充分考虑两性的现实差异和妇女的特殊利益②，并在党的二十大报告中再次强调要"坚持男女平等基本国策，保障妇女儿童合法权益"③，为在新时代推进妇女事业高质量发展指明了路径方向、提供了根本遵循。其二，落实男女平等基本国策需要按照《中华人民共和国宪法》《中华人民共和国民法典》《中华人民共和国妇女权益保障法》等有关法律法规，国家经济社会发展的总体目标要求和妇女发展纲要的专项目标要求，以及联合国《消除对妇女一切形式歧视公约》和《2030年可持续发展议程》等国际公约和文件宗旨，结合中国男女平等和妇女发展实际，将有关保护妇女权益和促进妇女发展的条款落到实处。其三，不断完善党委领导、政府主导、妇女儿童工作委员会协调、多部门合作、全社会参与的妇女工作机制，充分发挥妇联组织的桥梁纽带作用，为促进妇女全面发展加速行动，使男女平等理念更加深入人心，法治政策体系更加

---

① 《习近平：坚持男女平等基本国策，保障妇女儿童合法权益》，"中国妇女报"百家号，2023年10月1日，https://baijiahao.baidu.com/s? id=17785060 1447 6179785&wfr=spider&for=pc。

② 《平等 发展 共享：新中国70年妇女事业的发展与进步》，中国政府网，2019年9月19日，https://www.gov.cn/xinwen/2019-09/19/content_5431327.htm。

③ 《习近平：坚持男女平等基本国策，保障妇女儿童合法权益》，"中国妇女报"百家号，2023年10月1日，https://baijiahao.baidu.com/s? id=17785060 1447 6179785&wfr=spider&for=pc。

健全，妇女发展环境更加优化。

三是支持妇女充分发挥"半边天"作用，团结引领妇女建功新时代、奋进新征程。其一，加强对妇女政治思想的引领，引领妇女始终听党话、坚定跟党走，将个人和家庭的发展融入实现中华民族伟大复兴的时代主题，更好地担负起新时代赋予的光荣使命，在社会发展和家庭建设中充分发挥"两个独特作用"。其二，为妇女充分发挥"半边天"作用扫清障碍，确保妇女合法权益得到切实保障，使她们平等地享有全方位全周期健康服务，保障她们在教育、经济、政治、文化、社会等方面享有平等权益。其三，缩小男女之间存在的发展水平差距，通力研究解决女性在就业、生育、健康、婚恋、家庭照料、社会参与等方面的"急难愁盼"问题，通过帮扶措施和优质服务，不断提高女性的健康水平、素质能力、经济地位、参与国家和经济文化社会事务管理的水平等，进一步增强她们的获得感、幸福感、安全感。

女性及家庭生活状况调查

Women and Family Life Survey

B.2
第17次中国城市女性生活质量
调查报告（2022年）

中国妇女杂志社　华坤女性生活调查中心 *

摘　要： 对32056位城市女性的调查显示，2022年，城市女性生活总体满意度为7.20分。其中，幸福感满意度为7.73分，家庭生活满意度为7.65分，身心健康满意度为7.61分，居住环境满意度为7.44分，工作状况满意度为7.34分，家庭收入满意度为6.47分，个人收入满意度为6.20分。2022年，被调查女性政治素养大幅提升，自觉听党

* 调研组组长：綦淑娟，中国妇女杂志社社长。副组长：位亮，中国妇女杂志社副总编辑/副社长。主要执笔人：魏开琼，博士，中华女子学院妇女发展学院院长、教授、硕士生导师，主要研究方向为妇女理论、妇女发展、妇女与公共政策、性别平等教育等；聂真真，中华女子学院女性学系教师、硕士生导师，主要研究方向为性别统计与公共政策、人口经济学等。调研组成员：迟桂兰、王晓艳、张明明、刘哲、任雪静、李晓宏、宋宝霞、杨玉婷、杜声红、左玲。

话、跟党走；积极就业创业，在经济社会发展中发挥"半边天"作用；家事升为国事，在"依法带娃"中提升家庭教育素养；对法律政策的知晓度普遍较高，法治意识较强；利用线上线下平台，积极参与基层社会治理；健康意识增强，关注身心健康发展。本报告建议：引领带动更多妇女推进中国式现代化；开展一系列巾帼行动，探索新型就业方式；创新家庭服务模式，回应新时代妇女和家庭新期待；强化源头维权，推动妇女权益保障法有效实施。

关键词： 城市女性　生活质量　家庭家教家风　生活满意度

2022年是不平凡的一年，是全党全国各族人民迈上全面建设社会主义现代化国家新征程、向第二个百年奋斗目标进军的关键之年。这一年，党的二十大胜利召开，成为全面推进中华民族伟大复兴进程中的重要里程碑。为增强妇女思想政治引领工作的针对性、精准性、实效性，深入了解妇女群众的所思所想、所需所盼，进一步精准有效做好引领服务联系工作，中国妇女杂志社联合华坤女性生活调查中心、华坤女性消费指导中心开展了"中国城市女性生活状况调查（2022年）"。

本次调查采用网络调查方式。依托在线调查平台，面向18~65岁的城市女性（指实际居住在城市半年以上的常住女性人口，下同）发放电子问卷。2023年4月17~30日，共回收有效问卷32056份。本次调查通过统计分析软件SPSS进行数据筛查、逻辑检验、变量转换和统计分析。由于本次调查与第七次全国人口普查的人口地区分布存在较大差异，为确保调查结果更好地反映实际情况，使用

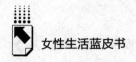

加权方法处理抽样过程中的问题。调查数据仅作为参考，不用于推断总体情况。

一 被调查女性的基本情况

（一）被调查女性的人口基本特征

1. 被调查女性的地区分布

按照国家统计局"东西中部和东北地区划分方法"及第七次全国人口普查的人口地区分布，本次调查从全国 31 个省（自治区、直辖市）中抽取 10 个地区作为一级样本单位，抽取的地区包括北京、上海、浙江、广东、安徽、湖北、重庆、贵州、青海、吉林。根据2021 年各城市 GDP 排名，从每个省（自治区、直辖市）选取省会城市或具有代表性的城市，每个城市覆盖所有区（县）。调查主要涉及全国 17 个城市 261 个区（县）。本次调查中，来自中部地区的被调查女性最多，占 33.4%；来自东部地区、西部地区、东北地区的被调查女性分别占 27.2%、30.8% 和 8.6%（见表 1）。

表 1   被调查女性的地区分布

单位：人，%

地区	人数	占比	主要城市（州）
东部	8715	27.2	北京、上海、杭州、嘉兴、广州、汕头
中部	10704	33.4	合肥、宿州、武汉、黄冈
西部	9885	30.8	重庆、贵阳、黔西南布依族苗族自治州、西宁、海南藏族自治州
东北	2752	8.6	长春、四平
合计	32056	100	—

2. 被调查女性的年龄分布

本次调查面向 18~65 岁的城市女性，其中 23~52 岁（出生于 1971~2000 年）的被调查女性占比超九成（91.6%），即"70后""80后""90后"的中青年女性是本次调查的主要人群。具体来看，33~42 岁的被调查女性占比最高，为 37.4%；43~52 岁的被调查女性位居第二，占 28.0%；23~32 岁的被调查女性位居第三，占 26.2%；53~62 岁的被调查女性占 6.6%；18~22 岁和 63~65 岁的被调查女性占比均较低，分别为 1.5% 和 0.3%（见图1）。

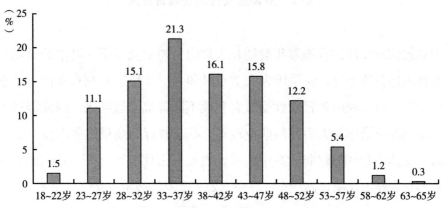

图1　被调查女性的年龄分布

（二）被调查女性的社会经济地位

1. 被调查女性的受教育程度

大多数被调查女性受过良好的教育，大学专科及以上学历的被调查女性占比超七成（见图2）。其中，具有大学本科学历的被调查女性占比最高，为 40.4%；具有大学专科学历的被调查女性占 26.8%；具有研究生学历的被调查女性占 3.1%；具有中专/中技/职业高中、高中、初中及以下学历的被调查女性均占一成左右。

进一步分析调查数据可以发现，初中及以下学历者主要为 58 岁及以

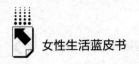

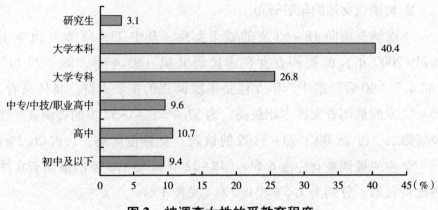

图2　被调查女性的受教育程度

上的被调查女性，且随着年龄增长，学历为初中及以下、高中的被调查女性占比整体上升，而学历为大学专科和大学本科的被调查女性占比整体下降，这反映出年轻女性受教育程度不断提高。近年来，国家推行了一系列改革措施并大力发展职业教育，职业教育高质量发展取得一定成效，就读中专/中技/职业高中的被调查女性占比有所回升，18~22岁的被调查女性占比明显高于23~27岁、28~32岁的被调查女性（见表2）。

表2　不同年龄段被调查女性的受教育程度

单位：%

受教育程度	18~22岁	23~27岁	28~32岁	33~37岁	38~42岁	43~47岁	48~52岁	53~57岁	58~62岁	63~65岁
初中及以下	4.1	1.3	2.7	5.7	9.3	12.5	17.3	27.8	31.4	34.6
高中	6.0	1.6	4.1	7.6	9.3	14.3	20.4	25.1	40.5	41.3
中专/中技/职业高中	7.3	2.6	5.6	8.8	11.0	14.6	12.8	12.5	9.9	8.7
大学专科	37.8	23.7	24.4	28.7	28.4	29.5	27.9	18.4	11.0	7.7
大学本科	40.3	66.2	57.9	45.5	39.1	27.0	20.8	14.9	7.0	6.7
研究生	4.5	4.6	5.3	3.7	2.9	2.1	0.9	1.3	0.2	1.0
合计	100	100	100	100	100	100	100	100	100	100

2. 被调查女性的职业分布

近年来，女性就业形态多元化趋势日益明显。在本次调查中，在党政机关、事业单位工作的被调查女性占30.3%；基层社会治理人员占31.7%；在国有企业、外资/合资企业、民营/私营企业工作的被调查女性占8.6%；在社会团体工作的被调查女性占6.3%；职业为个体工商户的被调查女性占2.8%；在民办非企业/社团等社会组织工作的被调查女性占1.2%；属于新业态新就业群体的被调查女性占0.7%（见图3）。此外，调查发现有7.6%的被调查女性未工作，主要包括全职妈妈、家庭主妇、大学生、退休、待业、失业/被裁员等情况。同时，有9.8%的被调查女性从事"其他"工作，这些工作主要涉及商场销售员、幼儿园老师、网格员、环卫女工、护工等具体职业，包括国家机关编外人员、政府临聘人员、事业单位非编人员、第三方劳务派遣人员等。

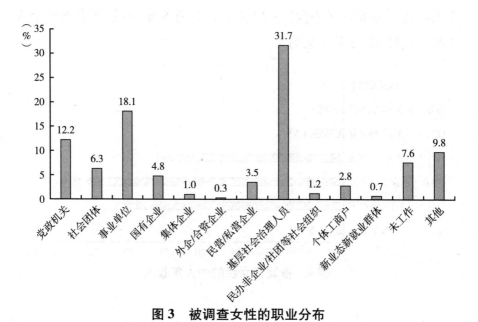

图3　被调查女性的职业分布

说明：新业态新就业群体包括平台主播、网店店主、快递员、外卖骑手、网约车司机、货运平台司机、网络写手等。

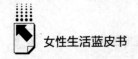

3. 被调查女性的个人年收入

本次调查设计了关于女性个人年收入的问题，提供了 7 个选项：3 万元及以下；3 万（不含）~6 万元；6 万（不含）~12 万元；12 万（不含）~18 万元；18 万（不含）~24 万元；24 万元以上；没有收入。

调查结果显示，超九成（96.5%）被调查女性都有自己的收入，只有 3.5% 的被调查女性属于无收入群体。部分被调查女性虽然没有稳定工作，但会通过灵活就业等方式赚取一些收入。分析发现，个人月收入过万元（个人年收入超过 12 万元）的被调查女性占比不到 10%。这一结果与本次被调查女性的职业构成密切相关，其中 31.7% 的被调查女性为基层社会治理人员，收入相较于其他职业偏低。具体来看，28.8% 的被调查女性个人年收入在 3 万元及以下，35.8% 的被调查女性个人年收入为 3 万（不含）~6 万元，23.1% 的被调查女性个人年收入为 6 万（不含）~12 万元，只有 8.8% 的被调查女性个人年收入超过 12 万元（见图 4）。

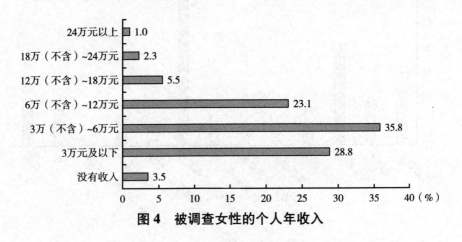

图 4 被调查女性的个人年收入

在个人年收入为 6 万（不含）~12 万元、12 万（不含）~18 万元的被调查女性中，东部地区女性占比均最高，中部地区、西部地区和东北地区女性占比依次下降。在中部地区、西部地区和东北地区被调查女性中，个人年收入为3万元及以下和3万（不含）~6万元的占比相对较高（见表3）。

表3　不同地区被调查女性的个人年收入

单位：%

个人年收入	东部地区	中部地区	西部地区	东北地区
没有收入	2.3	2.9	5.0	3.9
3万元及以下	9.8	28.0	39.4	54.0
3万（不含）~6万元	25.7	43.8	36.6	33.8
6万（不含）~12万元	39.3	21.1	15.5	7.3
12万（不含）~18万元	12.5	3.5	3.0	0.4
18万（不含）~24万元	7.5	0.5	0.2	0.3
24万元以上	2.9	0.2	0.3	0.3
合计	100	100	100	100

4. 被调查女性的家庭年收入

本次调查根据国家统计局的划分标准，设计了关于女性家庭年收入的问题，提供了9个选项：6万元及以下；6万（不含）~12万元；12万（不含）~18万元；18万（不含）~24万元；24万（不含）~30万元；30万（不含）~36万元；36万（不含）~42万元；42万（不含）~48万元；48万元以上。

调查发现，近九成（87.4%）被调查女性的家庭年收入在24万元及以下。具体来看，家庭年收入为6万元及以下的被调查女性占28.0%，6万（不含）~12万元占32.7%，12万（不含）~18万元占16.1%，18万（不含）~24万元占10.6%，24万元以上占12.6%（见图5）。

在年收入12万元以上的家庭中，东部地区占比均高于中部地区、

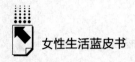

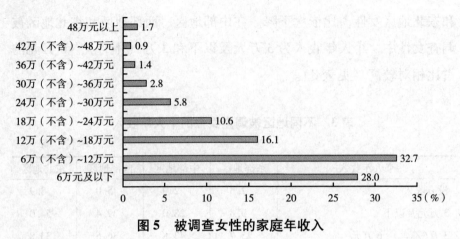

图5 被调查女性的家庭年收入

西部地区和东北地区。在西部地区和东北地区被调查女性中，家庭年收入为6万元及以下和6万（不含）~12万元的占比相对较高（见表4）。

表4 不同地区被调查女性的家庭年收入

单位：%

家庭年收入	东部地区	中部地区	西部地区	东北地区
6万元及以下	11.9	23.1	40.8	52.4
6万（不含）~12万元	20.6	40.8	34.5	33.2
12万（不含）~18万元	19.5	18.1	12.8	8.9
18万（不含）~24万元	17.9	10.0	7.1	2.8
24万（不含）~30万元	12.0	4.6	2.7	1.1
30万（不含）~36万元	7.0	1.6	1.1	0.5
36万元以上	11.1	1.8	1.0	1.1
合计	100	100	100	100

（三）被调查女性的婚姻家庭状况

1.被调查女性的婚姻状况

从婚姻状况来看，超八成被调查女性（85.3%）有过婚史。具体来看，未婚女性占 14.7%，已婚（初婚）女性占 79.9%，离异女性占 3.7%，再婚女性占 0.9%，丧偶女性占 0.8%（见图 6）。

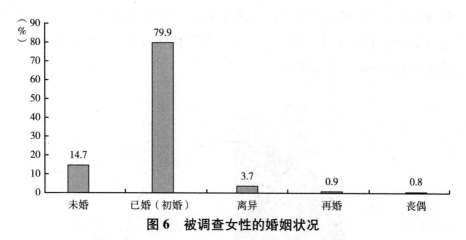

图 6　被调查女性的婚姻状况

调查显示，被调查女性中，未婚女性大多为 18～22 岁、23～27 岁，分别占 83.3% 和 74.6%；28 岁及以上的未婚女性占比大幅下降。这与《中国人口普查年鉴 2020》中的数据一致。《中国人口普查年鉴 2020》显示，中国人平均初婚年龄为 28.67 岁，2010 年人均初婚年龄为 24.89 岁，10 年间推迟了近 4 岁。此外，在离异、再婚的女性中，38～62 岁的占比较高（见表 5）。

表 5　不同年龄段被调查女性的婚姻状况

单位：%

婚姻状况	18～22 岁	23～27 岁	28～32 岁	33～37 岁	38～42 岁	43～47 岁	48～52 岁	53～57 岁	58～62 岁	63～65 岁
未婚	83.3	74.6	22.7	5.3	2.3	0.9	0.8	0.7	0.3	1.9
已婚(初婚)	14.8	24.5	75.3	89.8	91.0	91.7	90.4	90.9	87.4	85.6
离异	0.6	0.7	1.5	3.7	5.0	5.2	5.6	4.0	5.1	1.0
再婚	1.1	0.1	0.4	0.9	1.2	1.0	1.4	1.1	1.6	1.0
丧偶	0.2	0.1	0.1	0.3	0.5	1.2	1.8	3.3	5.6	10.5
合计	100	100	100	100	100	100	100	100	100	100

2. 被调查女性的生育状况

从生育状况来看，在已婚（初婚）被调查女性中，已生育的占94.8%，未生育的占5.2%。具体来看，生育1个孩子的占51.2%，生育2个孩子的占39.9%，生育3个孩子的占3.2%，生育3个以上孩子的占0.5%（见图7）。

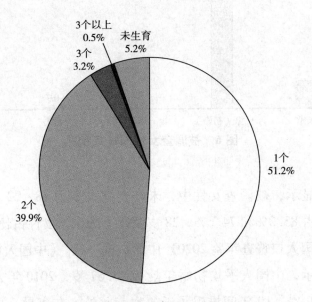

图7　被调查女性的生育状况

3. 被调查女性的理想生育数量

本次调查设计了关于女性理想生育数量的问题。调查发现，有近七成（69.6%）被调查女性的理想生育数量是2个孩子。此外，觉得生育1个孩子最为理想的占16.2%，生育3个孩子最为理想的占4.2%，生育3个以上孩子最为理想的占0.9%（见图8）。

调查发现，被调查女性的实际生育数量低于理想生育数量。未生育孩子的被调查女性中，有51.2%认为生育2个孩子最理想，有25.1%认为生育1个孩子最理想；有1个孩子的被调查女性中，有

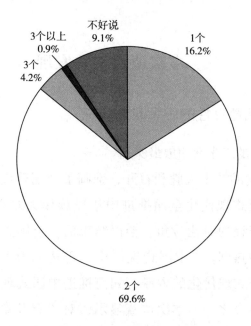

图 8　被调查女性的理想生育数量

68.6%认为生育 2 个孩子最理想，有 21.4%认为生育 1 个孩子最理想；有 3 个孩子的被调查女性中，有近半数（47.5%）认为生育 2 个孩子最理想，有 36.4%认为生育 3 个孩子最理想（见表 6）。

表 6　不同生育状况被调查女性的理想生育数量

单位：%

理想生育数量	1 个	2 个	3 个	3 个以上	未生育
1 个	21.4	4.4	2.4	3.9	25.1
2 个	68.6	85.1	47.5	38.3	51.2
3 个	2.6	4.8	36.4	21.1	2.2
3 个以上	0.6	1.0	3.2	23.4	0.6
不好说	6.8	4.7	10.5	13.3	20.9
合计	100	100	100	100	100

二 本次调查主要发现

（一）被调查女性的思想政治状况

1. 女性对党的二十大印象最深刻

2022年，党的二十大胜利召开，擘画了全面建设社会主义现代化国家、以中国式现代化全面推进中华民族伟大复兴的宏伟蓝图，吹响了奋进新征程的时代号角。会议结束后，全国人民掀起学习党的二十大精神的热潮，"中国式现代化"迅速成为人们耳熟能详的热词，关于中国式现代化的内涵、如何推进中国式现代化等成为新闻报道的主要内容之一。本次调查显示，对"召开党的二十大，以中国式现代化全面推进中华民族伟大复兴"印象深刻的被调查女性占比最高，为84.5%。除此之外，被调查女性印象深刻的国家大事还包括"中国疫情防控实现平稳转段"、"北京冬奥会、冬残奥会成功举办"、"巩固脱贫攻坚成果，全面推进乡村振兴"、"香港回归祖国25周年"、"神舟十三号、十四号、十五号接力腾飞，中国空间站全面建成"和"《中华人民共和国家庭教育促进法》实施，家事变国事"（见图9）。

2. 投身中国式现代化新征程，争做建设者、倡导者、奋斗者

2022年，亿万名妇女在各条战线主动作为、勇挑重担、争创一流，为防住疫情、稳住经济、推动安全发展做出了重要而独特的贡献，书写了无愧时代的巾帼华章。调查发现，近八成被调查女性（78.4%）认为自己在"遵守常态化疫情防控各项要求，筑牢个人和家庭健康屏障"方面做得很好。

习近平总书记强调，要注重发挥妇女在社会生活和家庭生活中的独特作用，发挥妇女在弘扬中华民族家庭美德、树立良好家风方面的

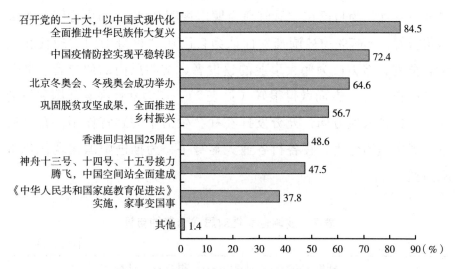

图9　被调查女性印象深刻的国家大事

独特作用①。调查发现，近七成被调查女性（69.3%）认为自己在"注重家庭家教家风建设，发挥在社会生活和家庭生活中的独特作用"方面做得很好。此外，69.8%的被调查女性认为自己在"践行绿色消费、绿色生活方式，争做绿色家庭"方面做得很好，59.8%的被调查女性认为自己在"响应'双减'政策新要求，做新时代合格家长"方面做得很好。广大妇女能充分发挥在家庭生活中的独特作用，培养好孩子、建设好家庭，以"小家"好家风支撑起"大家"好风气，推动形成爱国爱家、相亲相爱、向上向善、共建共享的社会主义家庭文明新风尚。

调查显示，广大妇女坚持以习近平新时代中国特色社会主义思想为指引，注重提高自己的政治素养。60.7%的被调查女性认为自己在"浏览时政新闻，努力提高思想政治素质"方面做得很好，62.8%的

---

①　中共中央党史和文献研究院编《习近平关于妇女儿童和妇联工作论述摘编》，中央文献出版社，2023，第45页。

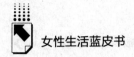

被调查女性认为自己在"看红色主题电视剧/电影，知史爱国"方面做得很好，59.7%的被调查女性认为自己在"投身中国式现代化建设新征程，努力成为伟大事业的建设者、文明风尚的倡导者、敢于追梦的奋斗者"方面做得很好（见表7）。广大女性在党和国家发展大局中找到人生方向，充分发挥在社会生活中的独特作用，在高质量发展中担当作为，在各行各业大显身手，为推进中国式现代化贡献力量。

表7　被调查女性对思政素养的自评

单位：%

评价	很好	一般	还需努力	合计
看红色主题电视剧/电影,知史爱国	62.8	29.7	7.5	100
浏览时政新闻,努力提高思想政治素质	60.7	30.8	8.5	100
投身中国式现代化建设新征程,努力成为伟大事业的建设者、文明风尚的倡导者、敢于追梦的奋斗者	59.7	29.7	10.6	100
注重家庭家教家风建设,发挥在社会生活和家庭生活中的独特作用	69.3	24.3	6.4	100
响应"双减"政策新要求,做新时代合格家长	59.8	29.4	10.8	100
践行绿色消费、绿色生活方式,争做绿色家庭	69.8	23.8	6.4	100
遵守常态化疫情防控各项要求,筑牢个人和家庭健康屏障	78.4	17.5	4.1	100

3. 关心社会和社区发展，被调查女性参与度高

2021年，国务院印发《中国妇女发展纲要（2021—2030年）》，在"妇女参与决策和管理"中明确提出，要采取"提高妇女参与社会事务和民主管理的意识和能力"等一系列措施，推动妇女参与决策与管理，提高妇女的政治与社会参与度。无论是对妇女权益保护与男女平等的关注，还是积极参加志愿服务活动，越来越多的妇女主动热情参与各项社会事务。调查发现，2022 年，被调查女性参加最积极（以经常/有时参加的合计占比计算）的 4 项活动分别是：社会公益活动（93.6%）；政治学习/培训（93.0%）；社区管理/服务/监督活动（89.2%）；妇委会、女职工委员会或妇联组织的活动（88.7%）（见表8）。

表 8　被调查女性参加活动的情况

单位：%

活动	经常	有时	没有	合计
政治学习/培训	51.4	41.6	7.0	100
社会公益活动	42.5	51.1	6.4	100
社区管理/服务/监督活动	46.1	43.1	10.8	100
给所在单位/社区提建议	28.8	51.3	19.9	100
向政府有关部门反映情况/提出建议	19.7	44.0	36.3	100
在网上评论或转发重大新闻/社会公共事件等	21.9	40.8	37.3	100
妇委会、女职工委员会或妇联组织的活动	45.3	43.4	11.3	100

调查显示，32 岁及以下的被调查女性"在网上评论或转发重大新闻/社会公共事件等"的比例更高。此外，年龄较大的女性参加"社会公益活动""社区管理/服务/监督活动""妇委会、女职工委员会或妇联组织的活动"的比例较高（见表 9）。38~57 岁的被调查女性参加社会公益活动的比例为 95.0% 左右。她们有服务的热情与旺盛的精力，积极投身社会公益活动。在当前多元主体参与基层社会治理的新格局下，中老年女性群体的作用与价值有待激发。调查数据也显示出妇女参与基层治理相对薄弱的方面，如有 36.3% 的被调查女性从未向政府有关部门反映情况/提出建议，不到三成的女性经常给所在单位/社区提建议。女性参与社会公共事务，有利于培育基层群众的共同体意识，建设基层协同治理文化。

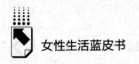

表 9　不同年龄段被调查女性参加活动的情况

单位：%

活动	18~22岁	23~27岁	28~32岁	33~37岁	38~42岁	43~47岁	48~52岁	53~57岁	58~62岁	63~65岁
政治学习/培训	91.2	94.1	93.8	93.2	92.4	93.3	93.5	90.4	90.0	79.3
社会公益活动	91.4	93.0	92.3	93.2	93.9	95.0	94.6	94.5	93.4	84.2
社区管理/服务/监督活动	88.3	89.0	88.0	89.9	89.2	89.6	89.7	88.9	87.3	81.0
给所在单位/社区提建议	75.7	74.7	78.3	82.3	81.8	81.3	81.1	79.2	74.7	71.9
向政府有关部门反映情况/提出建议	66.9	65.0	65.9	67.5	65.2	61.4	57.8	56.1	58.3	52.9
在网上评论或转发重大新闻/社会公共事件等	78.7	74.6	70.4	68.1	63.1	55.1	48.9	48.3	50.1	55.8
妇委会、女职工委员会或妇联组织的活动	82.0	85.0	87.4	90.5	89.5	88.8	89.5	89.4	87.1	85.0

4. 女性对法律政策的知晓度普遍较高

《中国妇女发展纲要（2021—2030年）》将"提高妇女尊法学法守法用法的意识和能力""充分发挥妇女在法治中国建设中的作用"作为实施目标。随着男女平等基本国策的贯彻和法律知识的普及，相关法律政策受到女性关注。调查发现，女性对与妇女权益保障有关的法律政策的知晓度很高。具体来看，被调查女性对《中华人民共和国劳动合同法》（96.9%）、《中华人民共和国民法典》（95.8%）、新修订的《中华人民共和国妇女权益保障法》（93.6%）、《中华人民共和国反家庭暴力法》（93.4%）、《中华人民共和国个人信息保护法》（93.8%）、《中华人民共和国人口与计划生育法》（93.0%）、男女平等基本国策（91.1%）的知晓度较高。被调查女性对《中华人民共和国家庭教育促进法》（89.5%）、《女职工劳动保护特别规定》（88.5%）的知晓度接近90.0%。值得注意的是，中国作为首批《消除对妇女一切形式歧视公约》的签署国，于2023年3月向联合国消除对妇女歧视委员会提交了落实《消除对妇女一切形式歧视公约》第九次审议报告。本次调查中被调查女性对《消除对妇女一切形式歧视公约》的知晓度达85.0%，说明该公约在中国女性群体中具有较高的知晓度（见表10）。

表10　被调查女性对法律政策的了解情况

单位：%

法律政策	有	没有	不知道	合计
《中华人民共和国民法典》	95.8	1.2	3.0	100
新修订的《中华人民共和国妇女权益保障法》	93.6	1.8	4.6	100
《女职工劳动保护特别规定》	88.5	2.6	8.9	100
《中华人民共和国反家庭暴力法》	93.4	2.9	3.7	100
《中华人民共和国家庭教育促进法》	89.5	2.5	8.0	100
《中华人民共和国劳动合同法》	96.9	1.5	1.6	100
《中华人民共和国人口与计划生育法》	93.0	2.6	4.4	100
《中华人民共和国个人信息保护法》	93.8	2.0	4.2	100
男女平等基本国策	91.1	2.7	6.2	100
《消除对妇女一切形式歧视公约》	85.0	4.2	10.8	100

（二）被调查女性的工作状况

1. 被调查女性认为工作环境较好、工作稳定性较强

习近平总书记在党的二十大报告中指出，就业是最基本的民生，要实施就业优先战略，促进高质量充分就业；要坚持男女平等基本国

策，保障妇女儿童合法权益①。国家统计局数据显示，2021 年就业人员中女性占比为 43.1%，她们是建设社会主义现代化强国的伟大力量。

本次调查从工作环境（条件）、劳动强度、工作稳定性、工作收入、职业前景（发展前途）、工作灵活性和工作时间 7 个维度对女性的工作状况进行考察。总体来说，被调查女性对工作环境（条件）、劳动强度、工作稳定性、工作时间的自评较好。

（1）工作环境（条件）

调查显示，62.8% 的被调查女性认为工作环境（条件）"非常好"或"比较好"，仅有 3.2% 的被调查女性认为工作环境（条件）"不太好"或"很不好"（见图 10）。值得关注的是，民营/私营企业和新业态新就业群体的被调查女性对工作环境（条件）的评价偏低，认为"非常好"或"比较好"的占比低于平均水平（见表 11）。

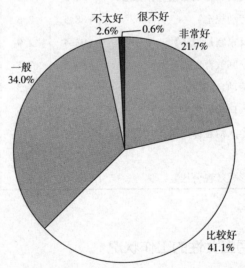

图 10　被调查女性对工作环境（条件）的自评

---

①《党的二十大报告全文》，"党建网"百家号，2022 年 10 月 26 日，https：//baijiahao. baidu. com/s？id＝1747757098192120827&wfr＝spider&for＝pc。

表11 不同职业被调查女性对工作环境（条件）的自评

单位：%

工作环境（条件）	党政机关	社会团体	事业单位	国有企业	集体企业	外企/合资企业	民营/私营企业	基层社会治理人员	民办非企业/社团等社会组织	个体工商户	新业态新就业群体
非常好	22.1	24.5	17.3	19.5	16.0	15.7	13.5	25.5	22.6	22.5	19.8
比较好	46.6	38.3	43.2	42.8	41.2	45.2	38.9	41.0	35.0	33.4	34.8
一般	27.8	35.2	35.4	34.6	40.3	37.4	43.0	31.3	39.0	39.4	40.4
不太好	2.9	1.7	3.3	2.4	2.0	0.9	3.7	1.8	2.9	3.4	4.0
很不好	0.6	0.3	0.8	0.7	0.5	0.8	0.9	0.4	0.5	1.3	1.0
合计	100	100	100	100	100	100	100	100	100	100	100

（2）劳动强度

关于劳动强度，调查显示，43.5%的被调查女性认为劳动强度"非常大"或"比较大"，50.3%认为"一般"，6.2%认为"不太大"或"很轻松"（见图11）。

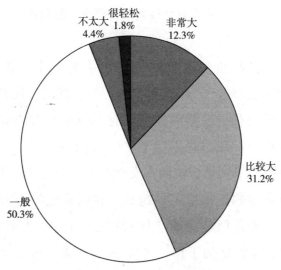

图11 被调查女性对劳动强度的自评

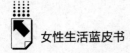

（3）工作稳定性

调查显示，65.3%的被调查女性认为工作"非常稳定"或"比较稳定"，30.3%认为"一般"，4.4%认为"不太稳定"或"很不稳定"（见图12）。

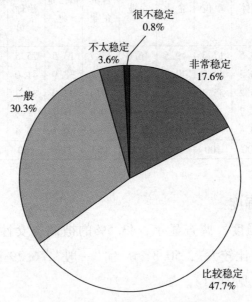

图 12　被调查女性对工作稳定性的自评

调查显示，党政机关的被调查女性认为工作"非常稳定"或"比较稳定"的占比较高，达到 80.7%；与此同时，民营/私营企业、个体工商户、新业态新就业群体中均有 10.0%左右的被调查女性认为工作"不太稳定"或"很不稳定"（见表12）。

调查还表明，不同学历被调查女性的工作稳定性有所不同。学历越高，被调查女性的工作稳定性越高。在研究生学历的被调查女性中，认为工作"非常稳定"或"比较稳定"的占 83.4%。初中及以下学历的被调查女性认为工作"不太稳定"或"很不稳定"的比例明显高于其他学历的被调查女性（见表13）。

表 12　不同职业被调查女性对工作稳定性的自评

单位：%

工作稳定性	党政机关	社会团体	事业单位	国有企业	集体企业	外企/合资企业	民营/私营企业	基层社会治理人员	民办非企业/社团等社会组织	个体工商户	新业态新就业群体
非常稳定	30.4	16.9	18.8	17.1	11.8	13.9	7.2	15.7	15.3	13.6	7.1
比较稳定	50.3	43.0	52.5	51.0	47.9	38.3	41.4	50.9	40.2	31.2	34.0
一般	17.1	35.5	25.3	29.5	36.7	38.3	40.2	30.4	40.0	46.1	46.2
不太稳定	1.8	4.1	2.8	2.0	2.8	7.8	9.2	2.6	3.7	7.0	11.7
很不稳定	0.4	0.5	0.6	0.4	0.8	1.7	2.0	0.4	0.8	2.1	1.0
合计	100	100	100	100	100	100	100	100	100	100	100

表 13　不同学历被调查女性对工作稳定性的自评

单位：%

工作稳定性	初中及以下	高中	中专/中技/职业高中	大学专科	大学本科	研究生
非常稳定	11.8	12.3	13.0	15.5	20.5	30.0
比较稳定	32.9	40.3	40.7	47.3	52.3	53.4
一般	44.0	41.6	40.6	33.3	23.9	15.1
不太稳定	9.2	4.7	4.7	3.4	2.7	0.9
很不稳定	2.1	1.1	1.0	0.5	0.6	0.6
合计	100	100	100	100	100	100

（4）工作收入

调查显示，近六成被调查女性认为工作收入"一般"，仅 10.9%的被调查女性认为工作收入"非常高"或"比较高"（见图 13）。这与前文呈现的被调查女性个人年收入的结果一致。其中，在社会团体、民营/私营企业、民办非企业/社团等社会组织工作的被调查女性及身为新业态新就业群体、基层社会治理人员的被调查女性认为工作收入"不太高"或"很低"的占比较高（见表 14）。

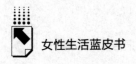
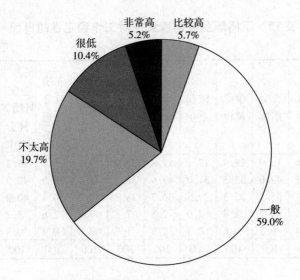

图13　被调查女性对工作收入的自评

表14　不同职业被调查女性对工作收入的自评

单位：%

经济收入	党政机关	社会团体	事业单位	国有企业	集体企业	外企/合资企业	民营/私营企业	基层社会治理人员	民办非企业/社团等社会组织	个体工商户	新业态新就业群体
非常高	5.0	7.9	4.0	3.4	3.5	6.1	2.5	6.0	5.9	7.3	4.6
比较高	8.3	5.7	6.8	7.6	3.9	8.7	5.9	4.3	4.7	5.7	8.7
一般	64.0	52.9	64.6	65.5	62.7	62.6	56.2	55.2	53.2	64.5	52.0
不太高	16.5	20.5	16.7	15.9	17.9	19.1	23.2	22.9	23.0	15.2	20.9
很低	6.2	13.0	7.9	7.6	12.0	3.5	12.2	11.6	13.2	7.3	13.8
合计	100	100	100	100	100	100	100	100	100	100	100

（5）职业前景（发展前途）

调查显示，25.7%的被调查女性认为职业前景（发展前途）"非常好"或"比较好"，64.0%认为"一般"（见图14）。

（6）工作灵活性

调查显示，30.3%的被调查女性认为工作"非常灵活"或"比

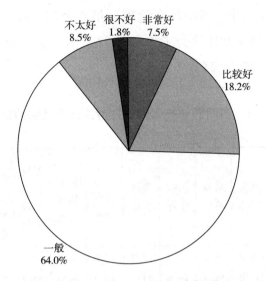

图14 被调查女性对职业前景（发展前途）的自评

较灵活"，58.3%认为"一般"，11.4%认为"不太灵活"或"很不
灵活"（见图15）。

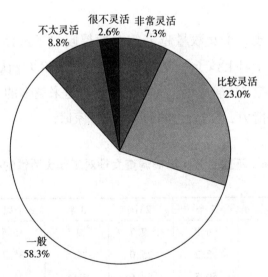

图15 被调查女性对工作灵活性的自评

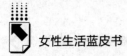

外企/合资企业、基层社会治理人员、个体工商户、新业态新就业群体中，被调查女性认为工作"非常灵活"或"比较灵活"的比例相对较高，均超过 35%（见表 15）。

表 15　不同职业被调查女性对工作灵活性的自评

单位：%

工作灵活性	党政机关	社会团体	事业单位	国有企业	集体企业	外企/合资企业	民营/私营企业	基层社会治理人员	民办非企业/社团等社会组织	个体工商户	新业态新就业群体
非常灵活	6.0	10.8	5.2	5.2	3.1	7.0	4.6	8.5	7.4	11.6	8.6
比较灵活	17.2	23.8	18.3	18.9	21.3	30.4	25.9	27.8	25.3	27.5	27.3
一般	56.4	56.0	60.4	63.0	65.5	52.2	56.7	57.2	58.5	55.0	54.0
不太灵活	15.5	7.6	12.0	9.6	7.3	8.7	9.6	5.4	8.1	4.6	7.1
很不灵活	4.9	1.8	4.1	3.3	2.8	1.7	3.1	1.1	0.7	1.3	3.0
合计	100	100	100	100	100	100	100	100	100	100	100

调查还发现，子女数量越多的女性越倾向于选择灵活的工作方式。在生育 3 个以上孩子的被调查女性中，有 50.6% 认为自己的工作"非常灵活"或"比较灵活"（见表 16）。越来越多的"宝妈"通过灵活就业施展能力，创造经济价值以支撑家庭。

表 16　不同生育状况被调查女性对工作灵活性的自评

单位：%

工作灵活性	1 个	2 个	3 个	3 个以上	未生育
非常灵活	6.8	7.7	9.5	15.5	6.7
比较灵活	22.2	25.0	26.5	35.1	21.2
一般	59.5	58.6	57.8	41.2	55.4

续表

工作灵活性	1个	2个	3个	3个以上	未生育
不太灵活	8.7	6.8	5.3	6.2	12.0
很不灵活	2.8	1.9	0.9	2.0	4.7
合计	100	100	100	100	100

（7）工作时间

调查显示，75.8%的被调查女性每日工作时间为"8 小时"或"8 小时以内"，24.2%的被调查女性每日工作时间为"8 小时以上"（见图 16）。

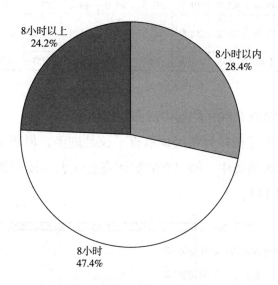

图 16　被调查女性的每日工作时间

调查发现，事业单位、民营/私营企业、个体工商户中，被调查女性每日工作时间为"8 小时以上"的比例相对较高（见表 17）。

调研结果一方面显示了女性积极就业创业的良好态势，另一方面反映了被调查女性对于职场发展的期待和需求。近六成（59.6%）

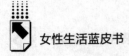

被调查女性期望有弹性工作时间/灵活办公方式，近1/4的被调查女性每日工作时间超8小时。

表17　不同职业被调查女性的每日工作时间

单位：%

每日工作时间	党政机关	社会团体	事业单位	国有企业	集体企业	外企/合资企业	民营/私营企业	基层社会治理人员	民办非企业/社团等社会组织	个体工商户	新业态新就业群体
8小时以内	25.4	32.7	21.9	27.8	33.2	28.1	24.1	31.5	27.8	29.7	28.4
8小时	47.1	49.4	42.9	49.3	50.3	50.0	44.8	50.3	47.7	39.5	49.8
8小时以上	27.5	17.9	35.2	22.9	16.5	21.9	31.1	18.2	24.5	30.8	21.8
合计	100	100	100	100	100	100	100	100	100	100	100

2.少数被调查女性在职场中遭遇性别歧视

虽然男女平等在社会各层面取得了长足进步，但职场性别歧视依然存在。在本次调查中，85.1%的被调查女性表示没有遇到过职场性别歧视（见图17）。

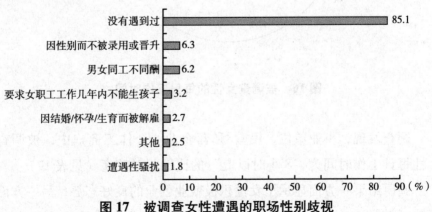

图17　被调查女性遭遇的职场性别歧视

调查还发现，不同年龄段的女性面对的职场性别歧视具有差异性（见表18）。从年龄段来看，18~22岁被调查女性的主体意识与权利意识较上一代有所增强。

表18　不同年龄段被调查女性遭遇的职场性别歧视

单位：%

职场性别歧视	18~22岁	23~27岁	28~32岁	33~37岁	38~42岁	43~47岁	48~52岁	53~57岁	58~62岁	63~65岁
因性别而不被录用或晋升	13.4	9.3	9.2	6.3	5.5	4.4	3.9	3.9	5.6	9.5
男女同工不同酬	7.4	6.0	6.3	5.8	5.8	6.2	6.6	7.9	8.8	10.4
要求女职工工作几年内不能生孩子	7.2	4.8	4.7	3.3	3.0	1.6	2.3	2.0	3.4	6.0
因结婚/怀孕/生育而被解雇	5.4	4.2	4.0	2.5	2.5	1.7	1.7	1.6	3.0	7.5
遭遇性骚扰	7.6	3.6	2.4	1.7	1.5	0.7	1.2	0.9	1.1	1.9
其他	2.4	2.3	2.7	2.4	2.5	2.4	2.3	2.8	3.7	3.3
没有遇到过	76.9	81.6	82.0	85.6	86.2	87.1	87.9	85.3	81.8	81.0

3. 期待生育友好支持措施，看重育儿补贴和弹性办公

党的二十大报告提出，优化人口发展战略，建立生育支持政策体系，降低生育、养育、教育成本。2022年8月，国家卫生健康委、国家发展改革委等17部门联合印发《关于进一步完善和落实积极生育支持措施的指导意见》，提出构建生育友好的就业环境，鼓励实行灵活的工作方式，推动创建家庭友好型工作场所，切实维护劳动就业合法权益。社会学、人口学、女性学等领域的学者也举行了诸多研讨会，围绕生育成本与"工作—家庭"冲突、生育意愿与

生育行为、生育支持与妇女发展等主题进行科学研究，为决策提供参考。本次调查中，被调查女性希望提供的生育友好支持措施按照选择比例从高到低依次为"育儿补贴、津贴"（65.1%）、"弹性工作时间/灵活办公方式"（59.6%）、"产假、育儿假"（43.9%）、"普惠托育服务"（38.0%）、"母婴室/哺乳室"（15.2%）、"其他"（3.0%）（见图18）。

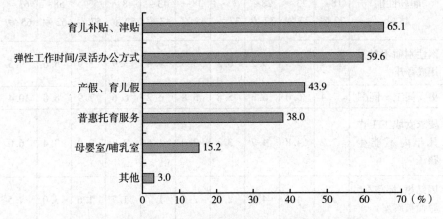

图18 被调查女性希望提供的生育友好支持措施

调查结果显示，不同地区的经济状况对女性的服务需求有一定影响。相对于其他地区，东部地区被调查女性期待普惠托育服务和弹性工作时间/灵活办公方式的比例更高，而西部地区被调查女性期待母婴室/哺乳室和产假、育儿假的比例更高（见表19）。第一财经2019年发布的《中国城市母婴室白皮书》数据显示，母婴室数量排前20名的中国城市主要是一线城市和新一线城市，二线及以下城市的母婴室数量较少。母婴室虽小，但能折射一座城市的人文关怀，加强母婴设施建设需要全社会的共同参与。同时，虽然部分省份的规定产假有所延长，但仍然面临难落地的现实困境。

表19　不同地区被调查女性希望提供的生育友好支持措施

单位：%

生育友好支持措施	东部地区	中部地区	西部地区	东北地区
普惠托育服务	41.8	38.5	33.7	27.5
育儿补贴、津贴	65.6	65.0	65.6	60.6
母婴室/哺乳室	14.7	13.8	18.0	13.2
弹性工作时间/灵活办公方式	64.7	57.4	54.8	52.1
产假、育儿假	42.8	43.9	47.2	40.3
其他	2.1	3.7	3.5	4.5

（三）被调查女性的家庭家教家风状况

1. 重视家庭建设，夫妻共同承担家庭责任

党的二十大报告提出"加强家庭家教家风建设"，进一步凸显了家庭在促进国家发展、民族进步、社会和谐中的基石作用。调查显示，关于被调查女性的家庭建设好做法，选择比例最高的是"夫妻共同育儿、共担家务"，占70.8%。在家庭中，夫妻共同育儿、共担家务强化了夫妻双方对家庭的责任感，有利于在婚姻中营造互谅互爱、互相扶持的良好氛围。68.2%的被调查女性注重"营造相亲相爱、和谐家庭"，47.9%的被调查女性认为应该"简约适度、绿色低碳生活"。此外，"控制手机使用时间，家人多交流"、"为家人解压，营造家庭'松弛感'氛围"、"注重仪式感，提升生活品质"、"节俭办婚事，支持低彩礼、零彩礼"和"赓续红色传统，感悟优良家风"也被认为是加强家庭建设的好做法（见图19）。

调查结果显示，生育状况对女性加强家庭建设的做法有一定影响。已生育的被调查女性更加注重"夫妻共同育儿、共担家务"、"营造相亲相爱、和谐家庭"以及"简约适度、绿色低碳生活"（见

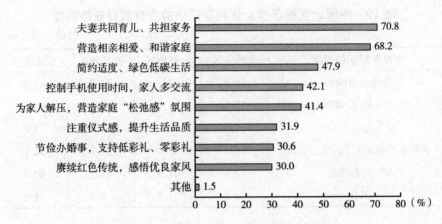

图 19 被调查女性的家庭建设好做法

表20），这反映出女性在生育后，面对家庭事务增多的情况，重视和丈夫分担，也更注重传承优良家风、陪伴孩子。

表20 不同生育状况被调查女性的家庭建设好做法

单位：%

家庭建设好做法	1个	2个	3个	3个以上	未生育
夫妻共同育儿，共担家务	72.7	75.8	71.1	73.1	56.5
营造相亲相爱、和谐家庭	69.0	69.7	64.4	63.3	68.6
赓续红色传统，感悟优良家风	29.9	30.5	25.4	36.1	26.5
节俭办婚事，支持低彩礼、零彩礼	31.2	32.7	33.4	34.9	26.5
简约适度、绿色低碳生活	49.3	46.5	43.6	37.7	48.8
注重仪式感，提升生活品质	31.3	28.5	21.7	20.8	43.0
控制手机使用时间，家人多交流	42.2	45.3	42.0	38.9	37.9
为家人解压，营造家庭"松弛感"氛围	41.9	39.7	35.6	39.2	46.6
其他	1.1	1.4	2.5	1.3	2.4

2. 坚持"依法带娃"，急需育儿指导

2022年1月1日起，《中华人民共和国家庭教育促进法》正式实施，该法明确了家庭责任，要求未成年人的父母或者其他监护人实施

家庭教育，合理运用9条方式方法，将家庭教育从"家事"升级为"国事"。总体来看，50%～60%的被调查女性认为自己在家庭教育方面做得很好，但还有进一步提高的空间。

具体来看，认为自己在"平等交流，予以尊重、理解和鼓励"方面做得很好的被调查女性最多，占60.0%；其次是"相互促进，父母与子女共同成长""亲自养育，加强亲子陪伴"，做得很好的分别占58.7%、58.4%（见表21）。以上结果表明，在亲子教育中，大多数女性能做到尊重与陪伴。此外，在"共同参与，发挥父母双方的作用"方面，考虑被调查者是女性，这可以看成她们对另一半的期许；在"尊重差异，根据年龄和个性特点进行科学引导"方面，被调查女性认为自己"还需努力"的比例较高，体现了她们对科学育儿指导的需求。

表21　被调查女性的家庭教育做法自评

单位：%

家庭教育做法	很好	一般	还需努力	合计
亲自养育,加强亲子陪伴	58.4	32.4	9.2	100
共同参与,发挥父母双方的作用	53.2	36.5	10.3	100
相机而教,寓教于日常生活之中	50.3	40.5	9.2	100
潜移默化,言传与身教相结合	52.7	38.2	9.1	100
严慈相济,关心爱护与严格要求并重	53.7	37.6	8.7	100
尊重差异,根据年龄和个性特点进行科学引导	50.6	39.4	10.0	100
平等交流,予以尊重、理解和鼓励	60.0	32.8	7.2	100
相互促进,父母与子女共同成长	58.7	33.0	8.3	100

调查结果显示，子女数量不同的女性在家庭教育上有所差异。在不同的家庭教育做法中，有1个孩子的被调查女性做得很好的比例均最高，而有2～3个孩子的被调查女性因为养育多个孩子，需要投入更多的时间和精力，家庭教育难度较大（见表22）。

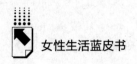

表 22　不同生育状况被调查女性的家庭教育做法

单位：%

家庭教育做法	1 个	2 个	3 个
亲自养育,加强亲子陪伴	60.1	56.6	51.6
共同参与,发挥父母双方的作用	54.9	51.2	47.9
相机而教,寓教于日常生活之中	52.8	47.3	42.4
潜移默化,言传与身教相结合	55.6	49.3	44.7
严慈相济,关心爱护与严格要求并重	56.2	50.8	48.0
尊重差异,根据年龄和个性特点进行科学引导	53.2	47.6	44.9
平等交流,予以尊重、理解和鼓励	62.7	56.6	57.0
相互促进,父母与子女共同成长	60.3	56.6	56.8

3. 被调查女性推崇尊老爱幼、夫妻和睦好家风

家风是一个家庭长期培育形成的一种文化和道德氛围,有一种强大的感染力,是家庭伦理和家庭美德的集中体现。调查结果显示,被调查女性崇尚的好家风按选择比例从高到低依次为尊老爱幼（86.9%）、夫妻和睦（81.7%）、男女平等（73.2%）、诚实守信（71.6%）、勤俭持家（69.0%）、邻里团结（66.2%）、宽厚待人（63.7%）、爱国爱家（63.7%）、勤奋敬业（60.4%）、向上向善（59.8%）、知书达礼（57.0%）、清正廉洁（53.1%）、其他（0.7%）（见图20）。

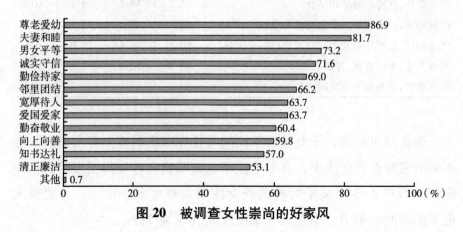

图 20　被调查女性崇尚的好家风

调查发现，年长女性更注重传统优良家风的传承。随着被调查女性的年龄增长，尊老爱幼、勤俭持家、邻里团结等好家风的选择比例整体呈上升趋势（见表23）。

表23　不同年龄段被调查女性崇尚的好家风

单位：%

好家风	18~22岁	23~27岁	28~32岁	33~37岁	38~42岁	43~47岁	48~52岁	53~57岁	58~62岁	63~65岁
尊老爱幼	76.8	79.6	82.7	85.6	88.0	90.0	92.8	92.3	92.1	91.9
男女平等	78.5	82.1	75.7	71.4	68.9	70.4	74.2	75.4	71.1	63.8
夫妻和睦	70.6	77.7	80.0	81.0	81.0	84.2	86.3	85.9	82.4	75.3
勤俭持家	60.0	60.8	61.4	65.2	68.6	74.4	80.0	82.1	77.6	72.6
邻里团结	59.4	60.8	59.2	62.1	64.8	70.7	76.5	79.2	75.7	69.8
诚实守信	65.5	68.3	66.5	70.1	72.2	74.7	77.0	76.2	72.3	67.7
向上向善	58.6	58.1	56.9	58.0	59.2	61.9	64.7	63.4	60.6	43.3
爱国爱家	60.5	61.6	58.9	62.6	62.6	66.8	71.1	72.3	70.6	63.1
宽厚待人	58.6	58.5	57.1	59.9	62.7	68.1	74.0	74.9	69.3	60.9
清正廉洁	51.5	51.3	48.7	49.8	50.8	56.2	60.7	62.2	60.3	48.6
勤奋敬业	58.5	59.1	55.9	58.4	59.1	62.5	67.4	65.2	62.7	53.3
知书达礼	54.7	53.8	51.1	52.8	55.4	61.3	66.6	66.6	63.4	53.5
其他	1.9	0.6	0.6	0.7	0.6	0.7	0.8	1.5	0.4	1.2

4. 提升家庭生活质量，被调查女性期望获得公共服务或支持

2022年国务院《政府工作报告》提出，要切实保障和改善民生，加强和创新社会治理，不断提升公共服务水平，着力解决人民群众普遍关心关注的民生问题。家庭是社会的"细胞"，很多社会问题产生的根源在家庭，而解决这些问题的关键也在家庭。调查显示，48.6%的被调查女性希望能有"多层次多样化医疗健康服务"，在"家门口"就能享受到优质的健康服务；24.7%的被调查女性期望获得"就业/创业支持"；期望有关部门能提供"家事调解和维权服务""婚恋辅导、婚介服务"的被调查女性分别占20.1%、13.0%（见图21）。

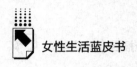

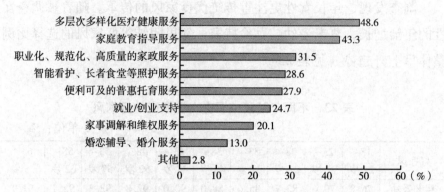

图 21 被调查女性期望获得的公共服务或支持

随着我国"三孩"生育政策实施和人口老龄化进程加快，城市女性及在家庭生活照料方面的需求旺盛，家政服务业快速发展。43.3%的被调查女性期望能够获得"家庭教育指导服务"，31.5%的被调查女性希望有"职业化、规范化、高质量的家政服务"，27.9%的被调查女性希望有"便利可及的普惠托育服务"，还有28.6%的被调查女性希望能获得"智能看护、长者食堂等照护服务"。另外，有2.8%的被调查女性选择了"其他"选项。根据被调查女性填写的情况，"孩子辅导""对于生三胎的妇女给予就业支持"也是她们期望获得的服务。

调查结果显示，不同地区的女性期望获得的公共服务或支持有所差别。在东部地区被调查女性中，希望获得"便利可及的普惠托育服务""智能看护、长者食堂等照护服务""职业化、规范化、高质量的家政服务""多层次多样化医疗健康服务"的比例更高；中部地区、西部地区被调查女性中希望得到"家庭教育指导服务"的比例较高，且西部地区女性更期望获得"就业/创业支持"；在"婚恋辅导、婚介服务"和"家事调解和维权服务"上，东北地区的被调查女性需求较高（见表24）。

表 24　不同地区被调查女性期望获得的公共服务或支持

单位：%

公共服务或支持	东部地区	中部地区	西部地区	东北地区
婚恋辅导、婚介服务	12.9	12.2	13.5	14.5
家事调解和维权服务	17.8	20.0	23.7	21.6
便利可及的普惠托育服务	30.3	28.4	25.6	19.1
家庭教育指导服务	41.5	45.6	46.0	37.7
智能看护、长者食堂等照护服务	32.9	27.2	24.0	23.8
职业化、规范化、高质量的家政服务	35.1	29.6	29.1	24.1
多层次多样化医疗健康服务	51.2	47.9	45.6	45.5
就业/创业支持	20.2	24.7	32.1	26.0
其他	2.3	3.4	2.9	3.9

调查还发现，不同年龄段的女性期望获得的公共服务或支持有所不同，从中也可以看出不同年龄段女性的生活状态。27 岁及以下的被调查女性希望得到"婚恋辅导、婚介服务"和"就业/创业支持"的比例更高；28~37 岁的被调查女性对"便利可及的普惠托育服务"的需求更高，这个年龄段正处于生育和养育孩子的高峰期，因此对普惠托育服务的需求也最旺盛；33~42 岁的被调查女性亟须获得"家庭教育指导服务"；48 岁及以上的被调查女性对"多层次多样化医疗健康服务"的需求较高；在"家事调解和维权服务"方面，58~65 岁的被调查女性需求较高。（见表 25）。

（四）被调查女性的身心健康状况

1. 女性健康意识增强，积极践行健康生活方式

调查结果显示，被调查女性主要通过调整情绪、饮食、睡眠和运动来践行健康生活方式。具体方式主要有"保持乐观、开朗、豁达的生活态度"（74.9%）、"注重科学健康饮食，吃低卡、零碳食品"（74.2%）、"减少熬夜，养成早睡早起好习惯"（68.0%）、"增加运动，经常参加体育锻炼"（65.1%）等（见图 22）。

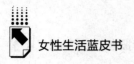

表 25　不同年龄段被调查女性期望获得的公共服务或支持

单位：%

公共服务或支持	18~22 岁	23~27 岁	28~32 岁	33~37 岁	38~42 岁	43~47 岁	48~52 岁	53~57 岁	58~62 岁	63~65 岁
婚恋辅导、婚介服务	25.1	22.7	16.9	12.6	10.0	8.9	10.0	10.8	10.0	8.1
家事调解和维权服务	22.5	18.7	18.4	19.7	20.0	20.6	21.1	22.8	26.7	27.6
便利可及的普惠托育服务	24.7	29.2	38.9	35.7	26.6	19.2	17.6	19.6	24.7	18.6
家庭教育指导服务	30.6	31.6	42.5	51.4	51.3	43.3	34.2	35.9	40.4	39.5
智能看护、长者食堂等照护服务	22.2	26.9	30.0	29.6	28.4	28.2	29.9	26.7	23.8	29.7
职业化、规范化、高质量的家政服务	24.2	33.8	32.6	30.4	31.2	32.9	31.6	27.4	27.3	30.8
多层次多样化医疗健康服务	36.4	47.4	46.2	44.9	46.7	51.9	55.0	55.5	55.7	51.1
就业/创业支持	33.4	32.8	22.5	20.6	20.2	25.3	29.7	29.6	23.2	16.9
其他	5.7	3.0	2.6	2.9	2.7	2.7	2.4	3.7	2.2	4.6

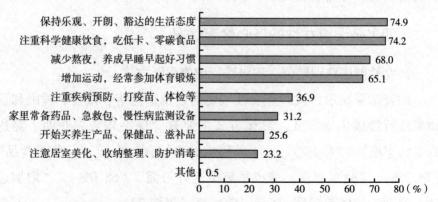

图 22　被调查女性践行健康生活方式的具体做法

　　调查发现，被调查女性对疾病预防的重视不够，"注重疾病预防、打疫苗、体检等"（36.9%）、"家里常备药品、急救包、慢性病监测设备"（31.2%）、"开始买养生产品、保健品、滋补品"（25.6%）、"注意居室美化、收纳整理、防护消毒"（23.2%）的被调查女性比例相对较低。

　　调查还发现，不同年龄段被调查女性践行健康生活方式的具体做法有所差异。在"开始买养生产品、保健品、滋补品"方面，23~27岁和28~32岁被调查女性的占比较高，分别为32.5%和30.9%，反映出健康养生年轻化的趋势；在"增加运动，经常参加体育锻炼"和"减少熬夜，养成早睡早起好习惯"方面，48~57岁的被调查女性占比较高；在"家里常备药品、急救包、慢性病监测设备"方面，58~62岁和63~65岁被调查女性的占比较高，分别为35.1%和37.7%（见表26）。

表26　不同年龄段被调查女性践行健康生活方式的具体做法

单位：%

健康生活方式	18~22岁	23~27岁	28~32岁	33~37岁	38~42岁	43~47岁	48~52岁	53~57岁	58~62岁	63~65岁
注重科学健康饮食，吃低卡、零碳食品	73.2	72.1	73.2	74.4	75.7	74.7	75.5	73.1	72.2	66.3
开始买养生产品、保健品、滋补品	27.7	32.5	30.9	29.5	25.7	21.4	17.5	14.9	16.4	17.4
增加运动，经常参加体育锻炼	52.5	57.8	58.6	62.0	65.2	70.7	74.1	74.4	70.8	66.9
减少熬夜，养成早睡早起好习惯	63.0	64.9	64.6	68.2	67.8	69.9	71.9	71.3	60.1	63.4

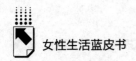

续表

健康生活方式	18~ 22岁	23~ 27岁	28~ 32岁	33~ 37岁	38~ 42岁	43~ 47岁	48~ 52岁	53~ 57岁	58~ 62岁	63~ 65岁
保持乐观、开朗、豁达的生活态度	70.9	70.6	72.2	74.8	74.9	76.6	80.3	76.8	71.5	73.0
家里常备药品、急救包、慢性病监测设备	21.8	26.3	31.5	32.4	32.8	31.2	30.9	31.9	35.1	37.7
注重疾病预防、打疫苗、体检等	25.8	34.9	36.8	35.7	36.1	38.0	39.4	41.6	40.1	35.7
注意居室美化、收纳整理、防护消毒	23.5	21.3	22.2	22.3	22.7	24.3	26.6	25.6	18.2	11.6
其他	1.1	0.5	0.5	0.5	0.5	0.4	0.4	0.7	0.4	1.2

2. 五成被调查女性担心身心健康, 面临多重压力

被调查女性面临的压力主要来自健康、工作、经济、育儿等方面。调查发现, 关于压力的来源, 被调查女性选择最多的是"担心自己及家人身心健康"(52.5%)。2022年底疫情防控政策的调整, 使人们进入一个新的"适应期"。面对疫情的冲击, 如何保持自己和家人的健康成为被调查女性生活的重中之重。此外, 被调查女性面临的压力还包括"角色多、负担重, 工作和家庭难平衡"(44.7%)、"经济压力(还贷、理财亏损等)"(33.3%)、"育儿焦虑(孩子沉迷网络、近视等)"(32.9%)、"职场压力、职场本领焦虑"(31.3%)、"社交恐惧、人际关系难处理"(17.2%)、"学业、找工作等压力"(13.1%)、"婚恋问题(如找不到心仪对象、恐婚或恋爱不顺等)"(10.7%)、"家庭关系紧张"(9.5%)、"其他"(1.3%)。仅有6.6%的被调查女性认为"没有压力"(见图23)。

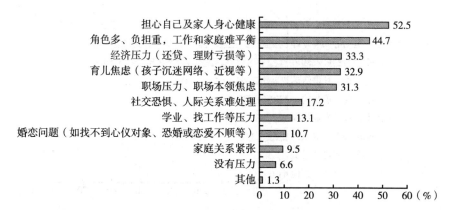

图23 被调查女性面临的压力

调查发现，不同婚姻状态的女性面临的压力有所不同，从中也可以看出她们不同的生活处境。未婚女性的压力主要来源于婚恋问题（如找不到心仪对象、恐婚或恋爱不顺等）（45.8%），职场压力、职场本领焦虑（47.4%）以及社交恐惧、人际关系难处理（34.2%）；已婚（初婚）女性的育儿焦虑（孩子沉迷网络、近视等）更为突出（38.0%）；离异女性的经济压力（还贷、理财亏损等）更大（40.7%）；再婚女性面对家庭关系紧张的比例较高（13.2%）。

3. 被调查女性减压方式各异，具有年龄差异

面对压力，超七成（70.8%）被调查女性选择"自我疏导，与压力和解"，调整好心态积极面对；62.8%的被调查女性通过"阅读、听音乐、运动等兴趣爱好"释放压力、调整情绪；58.5%的被调查女性通过"跟家人/亲朋好友倾诉"释放不良情绪；17.7%的被调查女性通过"参加公益慈善、社群活动"转移注意力；还有16.4%的被调查女性通过"吃美食、逛街购物"减轻压力。

调查也发现，被调查女性选择"看医生，接受专业治疗"（8.5%）和"网络/线上咨询求助"（7.3%）的比例较低。还有1.5%的被调查女性表示"无合适的排解渠道"（见图24）。

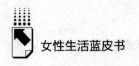

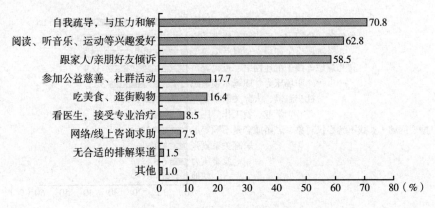

图 24　被调查女性的减压方式

调查结果显示，不同年龄段的被调查女性减压方式有所不同。37 岁及以下女性通过"跟家人/亲朋好友倾诉""网络/线上咨询求助""吃美食、逛街购物"等方式减压的比例较高；48～62 岁女性则主要通过"看医生，接受专业治疗"和"参加公益慈善、社群活动"的方式应对压力；63～65 岁的女性选择"无合适的排解渠道"的比例较高（见表 27）。随着人口老龄化程度的加剧，我国老年人心理健康问题日益突出。关注老年女性的心理健康，为她们提供合适的减压方式，对健康中国目标的达成具有重要意义。

表 27　不同年龄段被调查女性的减压方式

单位：%

减压方式	18～22 岁	23～27 岁	28～32 岁	33～37 岁	38～42 岁	43～47 岁	48～52 岁	53～57 岁	58～62 岁	63～65 岁
跟家人/亲朋好友倾诉	58.3	63.5	63.1	60.1	57.9	55.2	53.7	52.0	53.4	49.7
网络/线上咨询求助	12.6	11.7	8.5	7.2	6.4	5.9	5.1	5.9	6.2	6.5
看医生，接受专业治疗	8.3	7.6	6.6	7.1	7.6	9.3	11.2	14.1	13.8	25.0

续表

减压方式	18~22岁	23~27岁	28~32岁	33~37岁	38~42岁	43~47岁	48~52岁	53~57岁	58~62岁	63~65岁
阅读、听音乐、运动等兴趣爱好	66.0	64.8	61.1	62.1	63.5	65.4	63.6	55.3	49.9	50.6
参加公益慈善、社群活动	13.0	8.9	9.8	14.6	19.2	23.4	26.6	26.8	28.9	36.8
自我疏导、与压力和解	56.5	66.7	69.8	71.5	72.6	73.8	72.7	66.6	56.1	55.4
吃美食、逛街购物	28.0	32.9	25.3	18.0	13.3	9.7	6.3	3.8	1.6	4.9
其他	3.4	0.9	1.1	0.7	1.0	0.9	0.9	1.7	1.1	0.9
无合适的排解渠道	1.5	1.9	2.0	1.7	1.2	1.0	1.1	2.0	1.6	4.1

（五）被调查女性的休闲生活状况

1. 闲暇活动有质量，被调查女性的业余生活丰富多彩

调查发现，女性的闲暇时间大多花在与家庭有关的事务上。近七成（68.9%）的被调查女性会在闲暇时间"陪伴孩子和家人"，55.5%的被调查女性选择"美化家居、收纳整理、做家务等"。还有部分被调查女性在闲暇时间选择适当放松，如"和朋友聚会、逛街、逛公园等"（34.3%）、"玩手机、打游戏、刷剧等"（23.8%）、"去各种'网红'场所、餐厅、景点等'打卡'"（7.6%）。部分女性在闲暇时间选择自我提升，如"健身、运动锻炼"（32.4%）、"阅读、听课等自主学习"（26.4%）、"兼职、搞副业"（3.3%）。18.4%的被调查女性会在闲暇时间"参与志愿服务、公益活动"。此外，还有6.2%的被调查女性表示"太忙，没有闲暇时间"（见图25）。

不同年龄段的女性度过闲暇时间的方式不同。28岁及以上的被

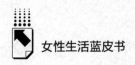

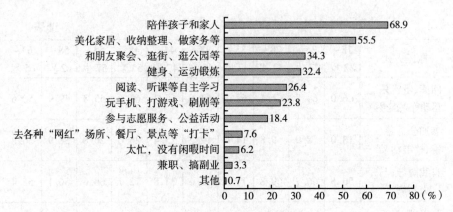

图 25　被调查女性的闲暇活动

调查女性在闲暇时间"陪伴孩子和家人""美化家居、收纳整理、做家务等"的比例更高，这是因为 28 岁后大部分女性步入婚姻殿堂，她们的闲暇活动也主要围绕家庭、家人进行；18~27 岁的被调查女性的主要闲暇活动则是"玩手机、打游戏、刷剧等""阅读、听课等自主学习""和朋友聚会、逛街、逛公园等""去各种'网红'场所、餐厅、景点等'打卡'""兼职、搞副业"；42 岁以上女性的闲暇活动主要围绕"健身、运动锻炼"和"参与志愿服务、公益活动"展开（见表 28）。

表 28　不同年龄段被调查女性的闲暇活动

单位：%

闲暇活动	18~22 岁	23~27 岁	28~32 岁	33~37 岁	38~42 岁	43~47 岁	48~52 岁	53~57 岁	58~62 岁	63~65 岁
陪伴孩子和家人	38.1	36.7	67.4	80.6	81.0	73.6	64.7	59.4	61.4	61.0
美化家居、收纳整理、做家务等	36.5	39.5	48.0	53.4	57.4	63.1	67.1	65.3	59.9	52.2
玩手机、打游戏、刷剧等	48.3	53.6	35.5	23.8	17.5	13.4	11.5	9.5	8.2	9.5

续表

闲暇活动	18~22岁	23~27岁	28~32岁	33~37岁	38~42岁	43~47岁	48~52岁	53~57岁	58~62岁	63~65岁
阅读、听课等自主学习	36.1	35.6	26.0	22.9	25.2	26.4	26.7	23.9	22.3	27.8
和朋友聚会、逛街、逛公园等	49.6	53.7	40.6	32.8	30.6	27.9	29.5	24.8	22.2	25.3
去各种"网红"场所、餐厅、景点等"打卡"	17.9	19.1	12.4	7.7	5.6	3.2	2.3	1.5	1.3	0.6
健身、运动锻炼	24.6	27.1	21.5	22.6	30.5	40.6	49.2	52.1	49.6	47.3
参与志愿服务、公益活动	14.4	11.3	8.9	13.8	19.4	23.6	28.1	31.5	36.4	35.0
兼职、搞副业	6.6	4.0	3.0	3.6	3.1	3.0	3.3	3.0	3.6	1.8
太忙，没有闲暇时间	7.3	6.5	6.1	6.4	6.0	6.3	5.9	6.6	5.0	4.6
其他	2.1	1.1	0.6	0.7	0.6	0.7	0.6	0.9	0.8	0.6

2. 热爱社会交往，被调查女性积极参加各类组织/团体的热情较高

调查结果显示，80.6%的被调查女性参加过组织/团体，19.4%表示"没有参加过"，超五成（51.6%）被调查女性参加过"社会公益组织（慈善组织、志愿者组织等）"。此外，被调查女性参加过的组织/团体还包括："兴趣活动组织（读书会、跑步群等）"（27.9%）；"民间自助/互助组织（家长群、育儿群等）"（26.6%）；"网络社群（豆瓣小组、B站社区、腾讯QQ群、微信朋友圈等）"（17.4%）；"专业/行业性组织（企业家协会、摄影协会等）"（11.5%）；联谊性组织（相亲群、校友会等）（10.1%）；"其他"（1.1%）（见图26）。

调查还发现，32岁及以下女性参加"专业/行业性组织（企业家协会、摄影协会等）""联谊性组织（相亲群、校友会等）""网络

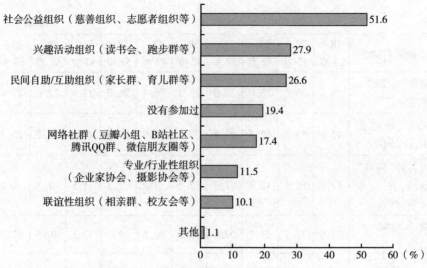

社会公益组织（慈善组织、志愿者组织等）　51.6

兴趣活动组织（读书会、跑步群等）　27.9

民间自助/互助组织（家长群、育儿群等）　26.6

没有参加过　19.4

网络社群（豆瓣小组、B站社区、腾讯QQ群、微信朋友圈等）　17.4

专业/行业性组织（企业家协会、摄影协会等）　11.5

联谊性组织（相亲群、校友会等）　10.1

其他　1.1

图 26　被调查女性参加过的组织/团体

社群（豆瓣小组、B 站社区、腾讯 QQ 群、微信朋友圈等）"的比例更高；随着年龄增长，被调查女性参加"社会公益组织（慈善组织、志愿者组织等）"的比例整体呈上升趋势（见表 29）。

表 29　不同年龄段被调查女性参加过的组织/团体（多选）

单位：%

组织/团体	18~22岁	23~27岁	28~32岁	33~37岁	38~42岁	43~47岁	48~52岁	53~57岁	58~62岁	63~65岁
专业/行业性组织（企业家协会、摄影协会等）	19.7	15.5	14.5	12.7	10.3	9.7	7.8	7.5	6.7	6.1
联谊性组织（相亲群、校友会等）	17.7	14.5	11.6	9.9	8.8	8.6	8.2	8.9	8.6	6.5
社会公益组织（慈善组织、志愿者组织等）	45.8	47.2	46.1	51.3	54.8	55.0	53.4	51.7	53.2	59.9
兴趣活动组织（读书会、跑步群等）	37.3	27.8	25.8	26.3	28.8	28.1	30.4	28.7	27.2	34.3

组织/团体	18~22岁	23~27岁	28~32岁	33~37岁	38~42岁	43~47岁	48~52岁	53~57岁	58~62岁	63~65岁
民间自助/互助组织（家长群、育儿群等）	14.4	12.1	28.7	34.7	33.1	27.1	19.3	18.0	17.5	13.6
网络社群（豆瓣小组、B站社区、腾讯QQ群、微信朋友圈等）	28.7	34.5	22.8	16.5	13.8	11.7	12.9	10.0	9.2	7.3
其他	2.8	1.0	1.0	0.9	1.0	1.4	1.3	1.7	1.7	1.2
没有参加过	15.3	18.2	19.7	18.3	17.7	20.1	21.7	23.7	20.6	23.5

（六）被调查女性的生活满意度

1. 被调查女性生活满意度继续保持在较高水平

2022年中国城市女性生活满意度调查沿用了历年评价指标及计算方法。2022年中国城市女性生活满意度评价指标包括身心健康、幸福感、工作状况、家庭生活①、居住环境②、个人收入、家庭收入7个方面。每个指标最高10分，最低1分。经过对各个指标进行加权计算，得出2022年中国城市女性生活总体满意度为7.20分（10分表示非常满意，1分表示非常不满意，分值越高表示满意度越高），保持在较高水平。

从单项指标来看，被调查女性的幸福感满意度最高，为7.73分；家庭生活满意度位居第二，为7.65分；身心健康满意度位居第三，为7.61分；居住环境满意度位居第四，为7.44分；工作状况满意度位居第五，为7.34分。被调查女性的个人收入满意度和家庭收入满

---

① 包括家庭关系、生活质量等，下同。
② 包括住房条件、社区生活、空气质量等，下同。

意度分别为 6.20 分和 6.47 分，这可能是由于家庭中男性比女性更容易获得较为满意的收入，因此相比个人收入而言，被调查女性的家庭收入满意度更高（见图 27）。

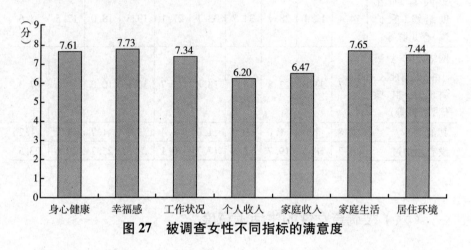

图 27 被调查女性不同指标的满意度

2.已婚（初婚）女性从婚姻家庭和育儿中收获多重幸福

调查结果显示，已婚（初婚）女性对身心健康、家庭生活和幸福感的满意度相对较高，分别为 7.68 分、7.75 分、7.84 分；再婚女性的身心健康满意度、家庭生活满意度、幸福感满意度分别为 7.53 分、7.42 分、7.66 分；离异女性对所有指标的满意度均相对较低（见表 30）。

表 30 不同婚姻状况被调查女性对各项指标的满意度

单位：分

婚姻状况	身心健康	幸福感	工作状况	个人收入	家庭收入	家庭生活	居住环境
未婚	7.32	7.31	6.81	5.83	6.34	7.41	7.25
已婚(初婚)	7.68	7.84	7.45	6.28	6.52	7.75	7.50
离异	7.30	7.09	7.13	5.91	5.90	6.55	6.94
再婚	7.53	7.66	7.31	6.13	6.27	7.42	7.48
丧偶	7.43	7.13	7.20	5.91	5.88	7.04	7.10

调查还显示，有孩子的被调查女性对身心健康和幸福感的满意度高于未生育的被调查女性，且随着孩子数量的增加，被调查女性对身心健康和幸福感的满意度逐渐上升（见表31）。

表31　不同生育状况被调查女性对各项指标的满意度

单位：分

生育状况	身心健康	幸福感	工作状况	个人收入	家庭收入	家庭生活	居住环境
1个	7.61	7.76	7.40	6.31	6.51	7.67	7.42
2个	7.72	7.86	7.51	6.23	6.47	7.69	7.52
3个	7.90	7.95	7.65	6.23	6.48	7.80	7.62
3个以上	7.92	7.97	7.43	6.34	6.63	7.76	7.81
未生育	7.46	7.74	7.08	5.99	6.40	7.77	7.49

3.中老年女性生活幸福感相对较强

调查发现，随着年龄的增长，被调查女性对各方面的满意度均呈整体上升趋势。53～65岁的被调查女性最容易在生活中感知幸福，对幸福感的满意度超过8分（见表32）。

表32　不同年龄段被调查女性对各项指标的满意度

单位：分

年龄段	身心健康状况	幸福感	工作状况	个人收入	家庭收入	家庭生活	居住环境
18～22岁	7.55	7.57	7.06	5.94	6.57	7.49	7.35
23～27岁	7.44	7.48	6.92	5.80	6.36	7.56	7.34
28～32岁	7.50	7.56	7.09	5.98	6.36	7.53	7.36
33～37岁	7.58	7.68	7.27	6.11	6.41	7.51	7.40
38～42岁	7.58	7.73	7.34	6.23	6.48	7.60	7.42
43～47岁	7.66	7.86	7.51	6.32	6.48	7.79	7.48
48～52岁	7.73	7.89	7.67	6.50	6.58	7.84	7.55
53～57岁	7.91	8.02	7.89	6.73	6.76	7.94	7.67
58～62岁	8.00	8.16	7.86	6.57	6.74	7.90	7.70
63～65岁	7.92	8.13	7.42	6.42	6.60	7.52	7.50

三 结论

2022 年是党和国家历史上具有重要里程碑意义的一年，也是见证巾帼力量凝聚和迸发的一年。各级妇联组织以习近平新时代中国特色社会主义思想为指导，宣传贯彻党的二十大精神，引领广大妇女巾帼心向党、奋进新征程，为全面建设社会主义现代化国家贡献巾帼力量。

（一）提高政治素养，女性自觉听党话、跟党走

2022 年，党的二十大胜利召开，开启了以中国式现代化全面推进中华民族伟大复兴的新征程，身处伟大时代的中国女性使命更加光荣、责任更加重大、舞台更加广阔。要创造新业绩、续写新荣光，就要筑牢思想根基，坚持以习近平新时代中国特色社会主义思想为指引，学深悟透党的二十大精神，更加深刻理解"两个确立"的决定性意义，坚决做到"两个维护"，始终听党话、坚定跟党走。

本次调查显示，对"召开党的二十大，以中国式现代化全面推进中华民族伟大复兴"印象深刻的被调查女性比例最高，达 84.5%。93.0% 的被调查女性参加过政治学习/培训，并且有 60.7% 的被调查女性认为自己在"浏览时政新闻，努力提高思想政治素质"方面做得很好。在推进中国式现代化新征程中，被调查女性努力成为伟大事业的建设者、文明风尚的倡导者、敢于追梦的奋斗者。在知史爱国、提高思想政治素质等方面，超六成被调查女性认为自己做得很好。面对充满光荣和梦想的新征程，广大妇女紧密团结在以习近平同志为核心的党中央周围，满怀建设者、倡导者、奋斗者的豪情，与时代同发展、与祖国共奋进，为全面建设社会主义现代化国家、全面推进中华民族伟大复兴做出新的更大贡献。

（二）积极就业创业，女性在经济社会发展中发挥"半边天"作用

党的十八大以来，党中央高度重视妇女事业发展，推动妇女平等依法行使民主权利、平等参与经济社会发展、平等享有改革发展成果。妇女成为全面建设社会主义现代化国家的重要力量。调查结果显示，绝大多数（92.4%）被调查女性都处于在业状态。

本次调查还从工作环境（条件）、劳动强度、工作稳定性、工作收入、职业前景（发展前途）、工作灵活性和工作时间等7个维度了解女性的工作状况。在党政机关、事业单位工作的被调查女性，对工作环境（条件）和工作稳定性都更为满意。超三成新业态新就业群体、个体工商户、外企/合资企业、基层社会治理人员中的被调查女性感到工作较为灵活。数字技术为灵活就业提供有利条件，据2022年《数字经济与中国妇女就业创业研究报告》测算，数字经济在贸易、电商、直播等领域创造了5700万个女性就业机会。

在职场权益保障方面，88.5%的被调查女性知晓《女职工劳动保护特别规定》，85.1%的被调查女性表示没有遇到过职场性别歧视。广大女性通过就业创业参与经济活动，在科技、文教、互联网等领域发挥了重要作用，成为推动实现包容可持续发展的重要力量，发挥了"半边天"作用。

（三）家事升为国事，在"依法带娃"中提升家庭教育素养

家庭教育是教育的起点和基点，关乎下一代的健康成长，也关乎国家和民族的未来。2022年1月1日，《中华人民共和国家庭教育促进法》正式实施，意味着家庭教育这件"家事"真正上升为"国事"。调查结果显示，近七成被调查女性认为自己在"注重家庭家教家风建设，发挥在社会生活和家庭生活中的独特作用"方面做得很

好。在家庭建设好做法中，选择"夫妻共同育儿、共担家务"的被调查女性比例最高，占70.8%。

调查还发现，59.8%的被调查女性认为自己在"响应'双减'政策新要求，做新时代合格家长"方面做得很好。具体来看，在"平等交流，予以尊重、理解和鼓励"方面，六成被调查女性认为自己做得很好，但在"相机而教，寓教于日常生活之中""尊重差异，根据年龄和个性特点进行科学引导"方面，近半数被调查女性表示自己做得一般或还需努力。总体来看，女性家长们能及时转变观念，主动提升自己的教育素养，帮助孩子"扣好人生的第一粒纽扣"。

（四）对法律政策的知晓度普遍较高，法治意识较强

我国自1986年实施"一五"普法，到2021年开启"八五"普法，普法工作历程见证了中国特色社会主义法律体系的日益完善，也见证了妇女权益保障工作的不断深入。在普法内容上，从"一五""二五"期间普及宪法、婚姻法，开展法律知识的启蒙教育，到义务教育法，再到妇女权益保障法、反家庭暴力法、民法典等，随着一部部与妇女权益保护高度相关的法律不断出台，我国的法律体系越来越完备，妇女获得的安全感也越来越强。

调查结果显示，被调查女性对《中华人民共和国劳动合同法》、《中华人民共和国民法典》、新修订的《中华人民共和国妇女权益保障法》、《中华人民共和国反家庭暴力法》、《中华人民共和国个人信息保护法》、《中华人民共和国人口与计划生育法》和男女平等基本国策等法律政策的知晓度均超过了90.0%。普及与妇女权益密切相关的法律法规，将逐步增强妇女在保护自身的生命健康权和家庭财产权等方面的法治意识和能力。妇女法治意识和能力的增强还将带动家庭尊法、学法、守法、用法，从而在全社会形成全民守法的良好

氛围。

此外，85.0%的被调查女性表示知晓《消除对妇女一切形式歧视公约》等国际公约。作为《消除对妇女一切形式歧视公约》缔约国，中国政府恪守公约精神，履行公约义务，按期提交履约报告。

（五）利用线上线下平台，积极参与基层社会治理

当前，我国城市社区治理主体逐渐多元化，在众多治理主体中，女性扮演着重要角色。《中国妇女发展纲要（2021—2030年）》统计监测报告显示，居民委员会成员中女性占比为54.4%，居民委员会主任中女性占比为41.4%。此外，基层社区干部也以女性居多，女性群体逐渐成为重要的基层社会治理力量。调查结果显示，近九成被调查女性参与过"社区管理/服务/监督活动"或"社会公益活动"。被调查女性还积极参与各类组织，其中51.6%参加过社会公益组织（慈善组织、志愿者组织等），且随着年龄的增长，被调查女性参加"社会公益活动""社区管理/服务/监督活动""妇委会、女职工委员会或妇联组织的活动"的比例整体呈上升趋势。越来越多的中老年女性通过参与社区治理获得价值感。

作为现代社会治理的重要组成部分，互联网已经成为意识形态领域的主阵地、主战场、最前沿。调查发现，32岁及以下的被调查女性参与网络社群（豆瓣小组、B站社区、腾讯QQ群、微信朋友圈等）的比例较高，她们还通过在网上评论或转发重大新闻/社会公共事件等参与社会治理。此外，针对女性社会参与相对薄弱的环节，政府、单位与社区广开建言献策的渠道，努力提高女性社会参与质量。

（六）健康意识增强，关注身心健康发展

女性健康既是当代全球共同关注的话题，也是实现健康中国目

标的重要组成部分，更是人类可持续发展的基石。调查结果显示，被调查女性对身心健康的自评良好。78.4%的被调查女性认为自己在"遵守常态化疫情防控各项要求，筑牢个人和家庭健康屏障"方面做得很好。在疫情防控政策调整的背景下，48.6%的被调查女性认为"多层次多样化医疗健康服务"是她们期盼获得的公共服务或支持。世界卫生组织（WHO）对健康做了定义，即"健康不仅是没有疾病，而且包括躯体健康、心理健康、社会适应良好和道德健康"。65%~75%的被调查女性通过保持乐观的生活态度、健康饮食、减少熬夜、增加运动等方式维持健康生活，促进身心全面发展。此外，在节奏快、竞争大的城市生活中，女性应对压力的主动性和能动性越来越强，她们中大部分人通过自我疏导、培养兴趣爱好、健身、向他人倾诉等方式释放压力，更好地掌控自我、健康生活。

四　思考及建议

综合本次调查的主要结论，提出如下建议。

（一）引领带动更多妇女推进中国式现代化

推进中国式现代化是一项开创性事业，需要强化妇女思想政治引领，凝聚包括广大妇女在内的磅礴力量。要在听取妇女心声心愿、家庭所需所盼的基础之上，用妇女对家庭和自身美好生活的切身感受，用妇女群众听得懂、听得进的语言，广泛开展"巾帼心向党、奋进新征程"学习教育活动，宣传党的创新理论，引导广大妇女学思想、悟思想、用思想，增强对党的创新理论的政治认同和情感认同。

1. 用身边人身边事带动更多女性投身现代化建设

用新时代伟大变革鼓舞妇女，充分运用全面建成小康社会伟大历史性成就、疫情防控重大决定性胜利、妇女事业和家庭建设新成就等现实教材，把讲理论与讲政策、讲道理与讲故事、讲"国之大者"与讲群众利益关切结合起来，引导广大妇女进一步增强拥护"两个确立"、做到"两个维护"的政治自觉，永远听党话、跟党走。

2. 用中国式现代化的美好愿景激励更多妇女奋进新征程

党的二十大擘画了全面建成社会主义现代化国家、以中国式现代化全面推进中华民族伟大复兴的宏伟蓝图。应大力宣传党中央稳经济促发展的决策部署，生动展示各地落实决策部署的最新成果，引导广大妇女辩证地看待形势，更加坚定团结奋斗、创造美好未来的信心。

3. 用榜样力量感召妇女共同投身现代化事业

充分发挥妇联组织联系人民群众的桥梁和纽带作用，推选"最美巾帼奋斗者"，表彰三八红旗手标兵、三八红旗手、巾帼建功标兵等，以榜样力量带动广大妇女满怀豪情地投身中国式现代化伟大实践。

（二）开展一系列巾帼行动，探索新型就业方式

党的二十大报告指出，健全就业公共服务体系，支持和规范发展新就业形态，加强灵活就业和新就业形态劳动者权益保障。党的二十大报告还提出要促进高质量充分就业，并对健全终身职业技能培训制度、推动解决结构性就业矛盾做出新的重大部署。

1. 优化女性就业服务体系

通过开展一系列巾帼行动，完善劳动者技能培训制度。大力开展"巾帼就业创业促进行动"，积极为女企业家特别是女性中小微企业主、个体工商户纾困解难，搭建政企对接、金融扶持、成果转化、服务社会等平台；持续推进女大学生专场招聘，为其就业创业牵线搭桥；开展新兴职业女性技能培训，在推广"妈妈岗"、网店等新就业模式的同时，积极推进普惠性托育服务，对协同育儿的男性给予相应的就业支持，建立生育成本共担机制，为妇女在稳经济大盘中担当作

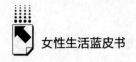

为提供更有力的支持。

2. 进一步消除职场性别歧视，强化劳动监察

新修订的《中华人民共和国妇女权益保障法》第49条规定："人力资源和社会保障部门应当将招聘、录取、晋职、晋级、评聘专业技术职称和职务、培训、辞退等过程中的性别歧视行为纳入劳动保障监察范围。"人力资源和社会保障部应进一步完善妇女平等参与市场竞争的就业机制，同时强化监察执法，加大劳动用工等重点领域的执法力度。

3. 促进妇女提高职业技能

应为女性提供更多培训资源，加大女性培训经费保障力度，更好地适应市场需求，实现女性高质量充分就业。当前，针对基层妇女的培训内容和方式存在与妇女需求、产业发展脱节的现象，应加强数字信息技能、绿色技能、工程技能等急需紧缺技能的女性人才培养，促进女性在更广阔的职业领域施展才能。

（三）创新家庭服务模式，回应新时代妇女和家庭新期待

随着人们生活水平提高、人口老龄化进程加快、"三孩"生育政策实施，养老、育幼、家庭健康等需求越来越多元化。人民对美好生活的向往更加强烈，热切期盼高质量的家庭生活和精神生活。近半数被调查女性仍然感到"角色多、负担重，工作和家庭难平衡"，期盼获得"多层次多样化医疗健康服务""家庭教育指导服务""职业化、规范化、高质量的家政服务"等公共服务或支持。针对妇女群众对家庭建设的新期盼新需求，要着力创新家庭服务模式，采取更多惠民生、暖民心的举措，为广大女性托起"稳稳的幸福"。

1. 探索婚育养育一体化的家庭服务模式

充分发挥公共政策调节作用，在住房、就业、养育、教育等方面为家庭提供全方位支持，帮助家庭解决婚育方面的实际困难。既要保证婴幼儿的健康发育和成长，减轻育龄夫妇面临的经济压力，缓解职

育平衡的矛盾，又要为提供代际照料服务的老年人群提供支持，推动生育保障转变为基于家庭生育活动的全民保障。

2. 从转变观念入手构建新型婚育文化

要进一步加强宣传引导，采用群众喜闻乐见的形式，让文明健康的婚育新风更加深入人心。鼓励创作一批形式多样、积极向上的影视文化精品，讲好新时代美好爱情、幸福婚姻、和谐家庭故事。多在年轻人聚集的社交平台宣传积极婚恋观，推动婚育教育进社区、进单位、进家庭，通过开设婚姻家庭课程、组织婚姻辅导讲座等，加强正面引领和专业指导，积极营造婚育友好的社会氛围。

3. 推动社区家政服务与社区妇联工作互联互通

社区是连接家庭与社会的重要纽带，是为居民提供公共服务的重要载体。发展社区服务能够有效解决群众需求"最后一公里"问题，推动家庭政策真正发挥效果。妇联应优化家庭教育指导、暑期日间托管等服务，推动《中华人民共和国家庭教育促进法》深入实施，帮助广大妇女和家庭解决实际困难，将妇联工作融入社区治理的各个方面。

（四）强化源头维权，推动妇女权益保障法有效实施

尽管本次调查中，被调查女性对与妇女权益密切相关的法律政策知晓度较高，法治意识有所增强，但如何防止隐性侵权或变相侵权、从根源上消除性别歧视，仍然值得进一步重视和探索。

在推进中国式现代化新征程上，我们必须谋长久之策、行固本之举，采取有效措施，进一步推动新修订的《中华人民共和国妇女权益保障法》有效实施。

1. 把发展与维权有机结合起来

要在发展中保障妇女权益，用维权促进妇女全面发展。要优先保障孕产妇、儿童等特殊人群的权益，格外关心贫困妇女、老龄妇女、

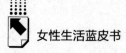

残疾妇女等困难群体，为她们做好事、解难事、办实事，使保障妇女权益、促进妇女全面发展成为全面建设社会主义现代化国家的重要组成部分。

2. 加大普法力度，为实施新法做好服务保障

妇联作为党和政府联系妇女群众的桥梁纽带，应积极主动普及法律，推动法律贯彻实施。妇联不仅要向妇女群众和家庭普法，还要联合相关部门共同普法，让各部门基层工作者了解法律规定、明确自身责任，同时要向企事业单位和村居、社区的工作人员多进行宣传，使法律规定的责任在企事业单位和村居、社区等微观层面落到实处。

3. 营造良好网络生态，维护妇女合法权益

妇联应运用"网言网语"传播正能量、弘扬主旋律，对模糊认识进行引导，对错误言论进行驳斥，坚决抵制各种错误思潮侵袭。既要培育广大女性网民的守法意识，将"线上守法"当成一种习惯，维护网络社会的良好秩序，也要促进妇女善于运用法律武器捍卫自身权益，自觉抵制网络造谣诽谤等不法行为，还网络一个清朗的空间。

B.3
2022年中国城市女性及家庭消费状况调查报告

华坤女性消费指导中心*

摘　要： 对32056位城市女性的调查结果显示，96.5%的被调查女性有自己的收入，过半数家庭收入为6万（不含）~24万元。2022年，被调查女性及家庭大项支出中，孩子、房子、健康成首选，旅游消费逐步恢复，旅游方式多样。在追逐消费新潮流上，"购物时精打细算""宅家网购/团购""买绿色节能家电、环保家具等"位居前三。在消费投资上，被调查女性更偏爱低风险产品。在消费维权上，被调查女性及家庭普遍遭遇过网络消费问题，致力于努力维护自身合法权益。从调查结果来看，健康消费受青睐，绿色消费更环保，品质消费更美好，品牌消费更推崇，网络消费更便利，消费投资更谨慎。为了促进女性及家庭消费，本报告提出以下建议：稳定住房、汽车等大宗消费，促使女性及家庭敢于消费；增加就业机会和收入，提升女性及家庭消费能力；发展新型消费、绿色消费、服务消费，提升女性及家庭生活品质；增强消费维权意识，切实改善女性及家庭消费环境。

---

* 调研组组长：綦淑娟，中国妇女杂志社社长。副组长：位亮，中国妇女杂志社副总编辑/副社长；刘萍，中国妇女杂志社副总编辑兼全媒体中心主任。主要执笔人：张清，博士，国家市场监督管理总局发展研究中心副研究员。调研组成员：迟桂兰、张明明、刘哲、任雪静、李晓宏、宋宝霞、杨玉婷。

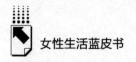

关键词： 女性消费 家庭消费 消费观念 消费维权

2022年是党和国家历史上极为重要的一年。以习近平同志为核心的党中央团结带领全党全国各族人民，沉着应对复杂多变的国际环境和艰巨繁重的国内改革发展稳定任务，统筹国内国际两个大局，统筹疫情防控和经济社会发展，统筹发展和安全，推动经济社会发展取得殊为不易的重大成就。这一年，我国胜利召开党的二十大，成功举办北京冬奥会、冬残奥会，顺利举办中国国际服务贸易交易会和中国国际进口博览会。也是在这一年，以习近平同志为核心的党中央始终坚持人民至上、生命至上，团结带领全党全国各族人民同心抗疫，以强烈的历史担当和强大的战略定力，积极应对、主动作为，及时优化调整防控政策，取得疫情防控重大决定性胜利，创造了人类文明史上人口大国成功走出疫情大流行的奇迹。

党的二十大报告指出，着力扩大内需，增强消费对经济发展的基础性作用。2022年中央经济工作会议提出，要把恢复和扩大消费摆在优先位置。2023年国务院《政府工作报告》指出，着力扩大消费和有效投资。在此背景下，为充分了解中国城市女性及家庭消费状况、消费预期，中国妇女杂志社、华坤女性生活调查中心、华坤女性消费指导中心共同开展了"2022年中国城市女性及家庭消费状况调查"，面向18~65岁的女性发放电子问卷，共回收有效问卷32056份。

本次调查与"中国城市女性生活状况调查（2022年）"同时开展。由于消费是女性及家庭生活的重要组成部分，因此本报告将消费内容作为独立篇章，对数据进行深入分析。

一 被调查女性及家庭基本情况

（一）被调查女性的地区分布

按照国家统计局"东西中部和东北地区划分方法"，重点抽取了17个城市开展调查，少量被调查女性来自其他城市。总体来看，东部地区、中部地区、西部地区、东北地区被调查女性分别占27.2%、33.4%、30.8%、8.6%（见图1）。

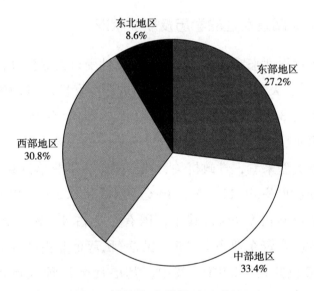

图1　被调查女性的地区分布

（二）被调查女性的年龄及婚育状况

从年龄来看，23～52岁（出生于1971～2000年）的被调查女性占91.6%，即"70后""80后""90后"的中青年女性是本次调查的主要人群。具体来看，18～22岁占1.5%，23～32岁占26.2%，

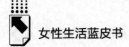

33~42岁占37.4%，43~52岁占28.0%，53~62岁占6.6%，63~65岁占0.3%。

从婚姻状况来看，超八成被调查女性（85.3%）有过婚史。具体来看，未婚占14.7%，已婚（初婚）占79.9%，离异占3.7%，再婚占0.9%，丧偶占0.8%。

从生育状况来看，在已婚（初婚）被调查女性中（未婚被调查女性跳答此题），有孩子的占94.8%，没有孩子的占5.2%。具体来看，有1个孩子的占51.2%，有2个孩子的占39.9%，有3个孩子的占3.2%，有3个以上孩子的占0.5%。

（三）被调查女性的学历及职业状况

从受教育程度来看，大多数被调查女性受过良好教育，读过大学（含大学专科、大学本科、研究生）的被调查女性占70.3%。具体来看，研究生占3.1%，大学本科占40.4%，大学专科占26.8%；中专/中技/职业高中、高中、初中及以下共占29.7%。

从职业类型来看，党政机关、社会团体、事业单位共占36.6%，其中，党政机关占12.2%，社会团体占6.3%，事业单位占18.1%；企业共占9.6%，其中，国有企业占4.8%，集体企业占1.0%，外资/合资企业占0.3%，民营/私营企业占3.5%；群团组织和社会组织共占32.9%，其中，基层社会治理人员占31.7%，民办非企业/社团等社会组织占1.2%。被调查女性中个体工商户占2.8%；有一部分人灵活就业，属于新业态新就业群体，如平台主播、网店店主、快递员、外卖骑手、网约车司机、货运平台司机、网络写手等，占0.7%。此外，还有7.6%的被调查女性未工作，包括全职妈妈、家庭主妇、大学生、退休、待业、失业/被裁员等情况。

（四）被调查女性及家庭收入状况

1.超九成被调查女性有自己的收入

从个人年收入来看，被调查女性的个人年均收入为 5.9 万元。绝大多数被调查女性（96.5%）都有自己的收入，但收入水平不是太高，个人月收入过万元（个人年收入超过 12 万元）的被调查女性占比不到 10%。具体来看，3.5% 的被调查女性没有收入，28.8% 的被调查女性个人年收入为 3 万元及以下，35.8% 的被调查女性个人年收入为 3 万（不含）~6 万元，23.1% 的被调查女性个人年收入为 6 万（不含）~12 万元，8.8% 的被调查女性个人年收入超过 12 万元（见图 2）。

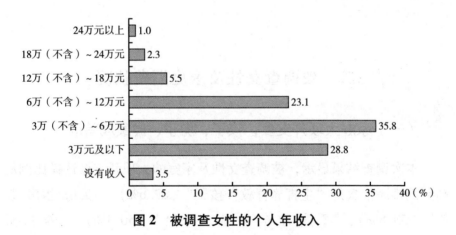

图 2　被调查女性的个人年收入

2.过半数被调查女性的家庭年收入为6万（不含）~24万元

从家庭年收入来看，被调查女性的家庭年均收入为 12.6 万元。近九成被调查女性（87.4%）的家庭年收入为 24 万元及以下，其中59.4% 的被调查女性家庭年收入为 6 万（不含）~24 万元。具体来看，28.0% 的被调查女性家庭年收入为 6 万元及以下，32.7% 为 6 万（不含）~12 万元，16.1% 为 12 万（不含）~18 万元，10.6% 为 18

万（不含）~24 万元，10.8%为 24 万（不含）~48 万元，1.7%为 48 万元以上（见图 3）。

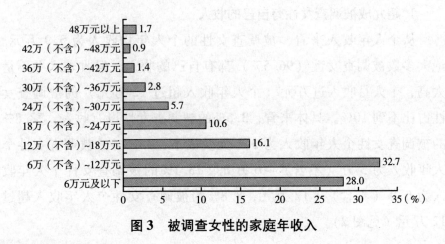

图 3　被调查女性的家庭年收入

二　被调查女性及家庭消费状况

（一）家庭大项开支多，孩子、房子、健康成首选

本次调查结果显示，被调查女性及家庭的大项开支按选择比例从高到低排序依次是"生育养育教育孩子"（67.6%）、"买房/租房/装修"（53.8%）、"看病/康养/保健/买保险"（50.4%）、"养车/买车"（46.0%）、"人情往来"（46.0%）、"食品餐饮/点外卖"（28.3%）、"日常交通/通信"（27.4%）、"旅游/娱乐/运动"（27.4%）、"学习培训"（19.3%）、"美妆医美/服装服饰"（18.4%）、其他（1.3%）、"珠宝/奢侈品"（1.2%）（见图 4）。

从调查结果来看，被调查女性及家庭的大项开支主要用于"生育养育教育孩子""买房/租房/装修""看病/康养/保健/买保险""养车/买车""人情往来"，这反映了城市女性的重点支出方向，即

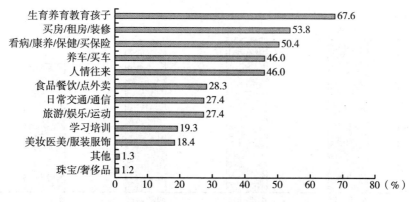

图 4 被调查女性及家庭的大项开支

家庭育儿支出、居住消费支出、健康消费支出、家用汽车支出、人情往来支出等。除此之外，被调查女性及家庭也将支出用于网络消费、培训教育、"悦己"消费等，表明城市女性生活方式的多样性和生活品质的不断提升。

1. 家庭育儿支出：育儿成本最高

被调查女性及家庭的大项开支主要用于生育养育教育孩子，占比最高，为67.6%。随着人们消费水平的提升，精细化育儿、轻松化育儿需求明显增长，从奶粉、营养辅食到童鞋童装、婴儿寝具、洗护用品，再到儿童玩具、教育娱乐等，家长们都希望"不输在起跑线上"，给孩子最好的，女性也愿意为孩子提供更好的物质条件和生活条件，愿意在孩子身上支出更多，特别是生育"二孩""三孩"后，这些开支更是不断攀升。

不同地区被调查女性及家庭大项开支中，中部地区在生育养育教育孩子上的投入最多，占70.3%（见图5）。可见，中部地区被调查女性在生育养育教育孩子方面的负担很重。

2. 居住消费支出：提升居住品质

流动人口进一步向大城市集聚，使得买房、租房需求持续增长，

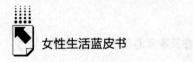

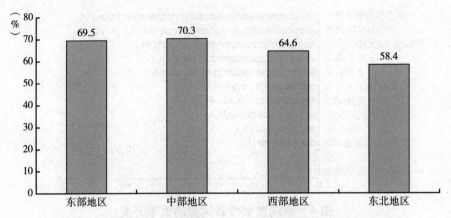

图5 不同地区被调查女性及家庭大项开支中用于
"生育养育教育孩子"情况比较

"三孩时代"的到来也催生了多元化的购房需求，城市女性及家庭对居住环境、房屋装修品质、小区配套设施等有了更高层次的追求。本次调查结果显示，被调查女性及家庭大项开支中，"买房/租房/装修"占53.8%。

进一步分析发现，东部地区被调查女性及家庭大项开支中，"买房/租房/装修"占比最高，为57.6%，这与大多数流动人口向东部地区集聚有很大关系；西部地区位居第二，占53.6%；中部地区位居第三，占51.4%；东北地区最低，占39.6%（见图6）。

关于被调查女性及家庭的大项开支，离异女性"买房/租房/装修"的占比最高，为55.8%；第二为已婚（初婚），占比为54.0%；第三为未婚，占比为53.0%；第四为再婚，占比为51.2%；第五为丧偶，占比为39.9%（见图7）。已婚（初婚）被调查女性及家庭的大项开支主要与家庭组建、孩子出生、住房改善等有关，有买房、租房、装修需求。

3. 健康消费支出：追求健康生活

随着经济水平的不断提升，城市女性及家庭对健康和生活质量的

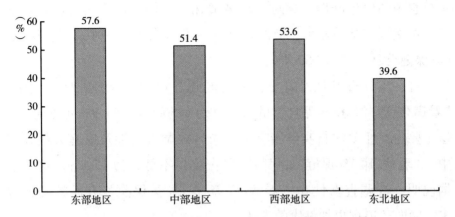

**图6　不同地区被调查女性及家庭大项开支中用于
"买房/租房/装修"情况比较**

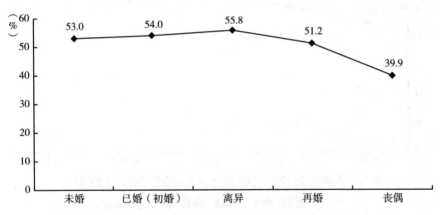

**图7　不同婚姻状况被调查女性及家庭大项开支中用于
"买房/租房/装修"情况比较**

要求不断提高，健康消费也越来越多。截至2022年，我国65岁以上老年人口有2.1亿人，占总人口的14.9%①。我国人口老龄化程度将持续加深，"老有所养""老有所依"已经成为经济社会发展道路上

---

① 《中华人民共和国2022年国民经济和社会发展统计公报》，国家统计局网站，2023年2月28日，http://www.stats.gov.cn/sj/zxfb/202302/t20230228_1919011.html。

不可忽视的民生问题。面对人口老龄化，人们的健康消费也日趋增长。本次调查结果显示，被调查女性及家庭大项开支中，"看病/康养/保健/买保险"占50.4%。

进一步分析发现，离异、丧偶被调查女性及家庭大项开支中，"看病/康养/保健/买保险"的占比分别为56.0%、54.9%（见图8）。这主要与女性关注自身健康有关。未婚被调查女性及家庭大项开支中，"看病/康养/保健/买保险"的占比也不低，为45.3%。这些数据说明，被调查女性在"看病/康养/保健/买保险"方面的支出较多，倾向于追求更加健康的生活。

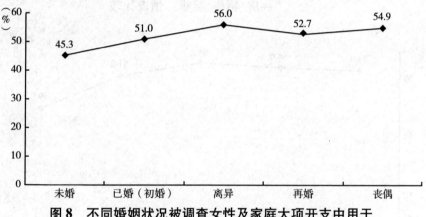

**图8　不同婚姻状况被调查女性及家庭大项开支中用于
"看病/康养/保健/买保险"情况比较**

4. 家用汽车支出：改善出行方式

汽车消费是我国稳增长、扩内需的重点领域，在恢复和扩大消费需求的要求下，着力稳住汽车等大宗消费成为关注重点。本次调查结果显示，被调查女性及家庭大项开支中，"养车/买车"占46.0%。城市女性在汽车消费市场上扮演着重要角色，越来越掌握"养车/买车"的主动权，购买汽车后，女性及家庭更能改善出行方式。

个人年收入为12万（不含）~18万元的被调查女性及家庭大项

开支中，"养车/买车"占比最高，为 59.0%；个人年收入为 18 万（不含）~24 万元的被调查女性及家庭大项开支中，"养车/买车"占比为 56.5%（见图 9）。随着个人年收入的增长，被调查女性及家庭用于"养车/买车"的大项开支相应增长；当个人年收入超过 18 万元后，"养车/买车"在大项开支中的占比有所下降。

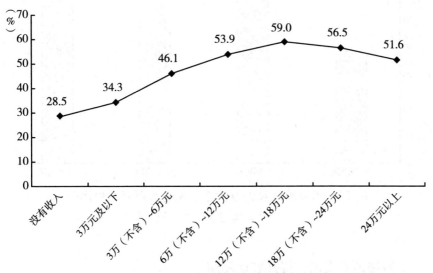

图 9　不同个人年收入被调查女性及家庭大项开支中用于"养车/买车"情况比较

5. 人情往来支出：维系人际关系

中国自古以来就是礼仪之邦，人情往来渗透人们社会关系的各个方面。人情往来一般都是在非等价交换的原则下进行的，并在这种非等价交换中反复，使得交换持续下去，人与人之间通过这种关系不断形成自己的社会关系。本次调查结果显示，被调查女性及家庭大项开支中，"人情往来"占 46.0%。

进一步分析发现，中部地区被调查女性及家庭大项开支中，"人情往来"占比最高，为 56.6%。紧随其后的是东北地区、西部地区：东北地区被调查女性及家庭大项开支中，"人情往来"占 54.7%；西部地区被调查女性及家庭大项开支中，"人情往来"占 51.6%。东部地区被调查女性及家庭大项开支中，"人情往来"占比最低，为 35.5%（见图 10）。可见，中部地区、东北地区、西部地区被调查女性及家庭更重视人情往来，更愿意花时间和精力去维系社会关系。

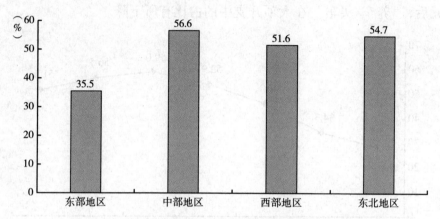

图 10　不同地区被调查女性及家庭大项开支中用于
"人情往来"情况比较

6. 网络消费支出：提升餐饮品质

餐饮消费是居民消费的压舱石。2022 年，受疫情影响，餐饮业持续低迷，大大降低了人们堂食消费的预期。为了生存和发展，餐饮业加快变革和转型升级，适应以"宅经济"为代表的消费场景转换，以应对不断上升的成本压力。人们通过网络平台点餐、外卖来满足餐饮需求。本次调查结果显示，被调查女性及家庭大项开支中，"食品餐饮/点外卖"占 28.3%。

进一步分析发现，未婚被调查女性及家庭大项开支中，"食品餐饮/点外卖"占比最高，为 46.8%；第二为离异，占 31.4%；第三为再婚，占 26.8%；第四为已婚（初婚），占 24.8%（见图 11）。这与家庭结构有关系，已婚、再婚家庭更注重营造全家共同进餐的和谐氛围，在家做饭的频率更高，点外卖次数相对较少。

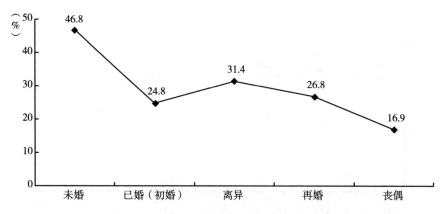

图 11　不同婚姻状况被调查女性及家庭大项开支中用于
"食品餐饮/点外卖"情况比较

7. 培训教育支出：提升自我能力

在知识经济时代，女性的学习能力显得非常重要。城市女性时刻关注国家大事，注重自身学习。本次调查结果显示，被调查女性及家庭大项开支中，"学习培训"占 19.3%。

个人年收入为 24 万元以上的被调查女性及家庭大项开支中，"学习培训"占比最高，为 28.0%（见图 12）；其他收入水平的被调查女性及家庭大项开支中，"学习培训"的占比基本一致，变动幅度不大。

8. "悦己"消费支出：注重美好体验

在"美妆医美/服装服饰""珠宝/奢侈品"等方面，女性凭借自身的购买力，成为推动社会消费升级的重要力量。女性"悦己"已成为消费新风尚，"三八节""520""618""双 11"等众多节日节点成为营销噱头，针对女性倾向购买的产品品牌，给予大力优惠，吸引更多女性消费。本次调查结果显示，被调查女性及家庭大项开支中，"美妆医美/服装服饰"占 18.4%，"珠宝/奢侈品"占 1.2%。

个人年收入为 24 万元以上的被调查女性及家庭大项开支中，"美妆医美/服装服饰"占比最高，为 24.5%；"珠宝/奢侈品"占比

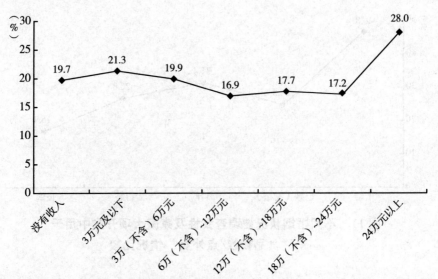

图12 不同个人年收入被调查女性及家庭大项开支中用于"学习培训"情况比较

也最高,为 5.8% (见图 13)。随着个人年收入增长,女性的"悦己"消费也逐渐提高。

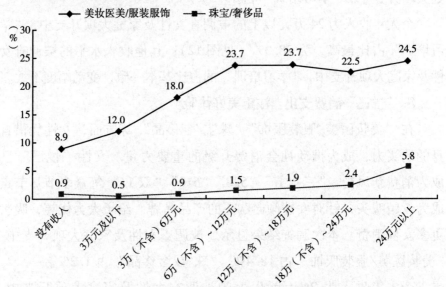

图13 不同个人年收入被调查女性及家庭大项开支中用于"美妆医美/服装服饰"和"珠宝/奢侈品"情况比较

（二）旅游消费逐步恢复，旅游方式多样

2022年，受疫情影响，被调查女性及家庭外出旅游的比例为60.9%，四成（40.1%）的被调查女性及家庭没有外出旅游。2017年被调查女性及家庭外出旅游的比例为90.2%，2018年被调查女性及家庭外出旅游的比例为85.7%，2021年该比例降至58.3%（见表1）。可以看出，受疫情影响，2021年女性及家庭旅游消费处于低谷。

表1　2017~2022年被调查女性及家庭外出旅游比例

单位：%

类别	2022年	2021年	2020~2019年	2018年	2017年
外出旅游	60.9	58.3	未采集	85.7	90.2
没有外出旅游	40.1	41.7	未采集	14.3	9.8
合计	100	100	—	100	100

被调查女性及家庭的旅游方式按选择比例从高到低排序依次是"乡村旅游（农业观光、采摘等）"（34.4%）、"红色旅游（参观革命旧址/纪念馆等）"（25.5%）、"文化旅游（逛博物馆/美术馆/艺术馆等）"（19.9%）、"在线旅游（网上'打卡'名胜古迹、看展等）"（11.2%）、"非遗主题游（探访非遗旅游小镇、街区等）"（10.1%）、"冰雪旅游（冰雪运动/滑雪度假等）"（6.3%）、"康养旅游（养老、养生、疗休等）"（5.7%）、"定制游（独立、私享小包团等）"（5.6%）、"研学旅游（研学团、研学夏令营等）"（5.2%）和"其他"（1.6%）（见图14）。

1. 家庭年收入越高，旅游消费比例越高

随着人们生活水平的提高，旅游在家庭消费中所占比重越来越高。本次调查结果显示，随着被调查女性家庭年收入的增长，旅游消费呈上升趋势。家庭年收入为36万（不含）~42万元的被调查女性

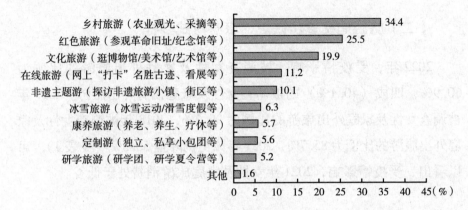

图14 被调查女性及家庭的旅游方式（多选）

及家庭的旅游方式中，红色旅游、在线旅游、研学旅游、康养旅游占比较高，分别为28.9%、15.6%、12.6%、9.4%；家庭年收入为42万（不含）~48万元的被调查女性及家庭的旅游方式中，乡村旅游、非遗主题游占比较高，分别为43.1%、15.7%；家庭年收入为48万元以上的被调查女性及家庭的旅游方式中，文化旅游、定制游、冰雪旅游占比较高，分别为36.4%、15.1%、12.1%。

从女性个体角度来看同样可以发现，随着被调查女性个人年收入的增长，旅游消费呈上升趋势。个人年收入为6万（不含）~12万元的被调查女性及家庭的在线旅游消费占比最高，为13.1%；个人年收入为18万（不含）~24万元的被调查女性及家庭的乡村旅游、研学旅游消费占比较高，分别为44.8%、12.1%；个人年收入为24万元以上的被调查女性及家庭的文化旅游、红色旅游、非遗主题游、定制游、冰雪旅游、康养旅游消费占比较高，分别为34.6%、28.9%、16.0%、13.7%、10.2%、7.9%。

2. 乡村旅游成为热门选择

受疫情影响，2022年旅游市场一度面临严峻挑战，随着疫情防控措施的优化调整，旅游市场迎来快速增长，在这其中，增长最快的为乡村旅游，成为女性及家庭的首选。本次调查结果显示，被调查女性及家庭的旅游方式中，乡村旅游占比最高，为34.4%。

进一步分析发现，东部地区、中部地区、西部地区、东北地区被调查女性及家庭的旅游方式中，乡村旅游占比均最高，分别为37.3%、33.3%、34.8%、19.4%（见图15），远远高于其他旅游方式。

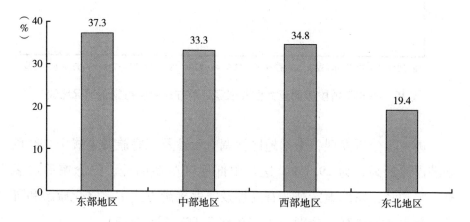

图15　不同地区被调查女性及家庭旅游方式中乡村旅游情况比较

不同年龄段被调查女性及家庭的旅游方式中，乡村旅游占比有所不同。58~62岁被调查女性及家庭的旅游方式中，乡村旅游占比最高，为37.6%；其次为33~37岁，占37.3%（见图16）。从整体来看，因受疫情影响不能长距离出行，选择乡村旅游的被调查女性及家庭比例相对较高。

3. 红色旅游、文化旅游、研学旅游成为更多选择

红色旅游、文化旅游、研学旅游都是通过旅游了解和学习中国革命历史的教育方式。这种方式可以让人们走进真实场景，近距离感受革命先烈的奋斗精神，更好地了解中国革命历史脉络和发展趋势。本次调查结果显示，被调查女性及家庭的旅游方式中，红色旅游占25.5%，文化旅游占19.9%，研学旅游占5.2%。

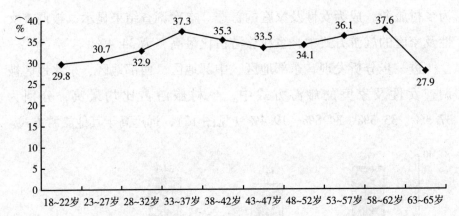

图 16 不同年龄段被调查女性及家庭旅游方式中乡村旅游情况比较

进一步分析发现，中部地区被调查女性及家庭旅游方式中，红色旅游占比最高，为 29.7%，这与中部地区革命旧址、纪念馆等居多有一定关系；东部地区被调查女性及家庭旅游方式中，文化旅游和研学旅游占比均较高，分别为 25.2% 和 7.6%（见图 17）。

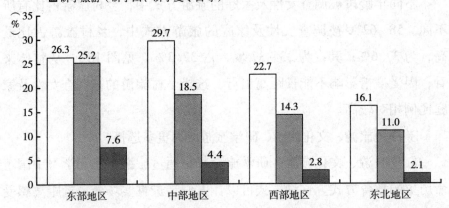

图 17 不同地区被调查女性及家庭旅游方式中红色旅游、
文化旅游、研学旅游情况比较

不同年龄段被调查女性及家庭的红色旅游、文化旅游、研学旅游情况不同。63~65岁被调查女性及家庭的旅游方式中，红色旅游占33.2%；23~27岁被调查女性及家庭的旅游方式中，文化旅游占23.9%；38~42岁被调查女性及家庭的旅游方式中，研学旅游占8.5%（见图18）。

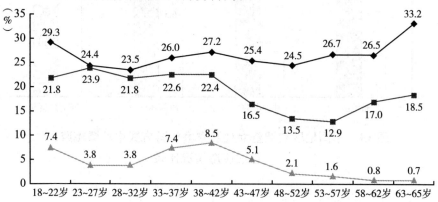

图18　不同年龄段被调查女性及家庭旅游方式中红色旅游、文化旅游、研学旅游情况比较

4. 冰雪旅游、在线旅游受年轻女性喜爱

2022年北京冬奥会的成功举办，点燃了全国人民的冰雪运动热情。冰雪旅游满足了人们对美好生活的向往，也成为推动我国冰雪产业高质量发展的强劲动力。本次调查结果显示，被调查女性及家庭的旅游方式中，冰雪旅游占6.3%，在线旅游占11.2%。

进一步分析发现，东北地区被调查女性及家庭的旅游方式中，冰雪旅游占比最高，为10.9%，这与东北地区冰雪环境独特、冰雪文化氛围浓郁有很大关系；第二是东部地区，占6.8%；第三是西部地区，占 6.5%。东部地区被调查女性及家庭的旅游方式中，在线旅游占比最高，为 13.0%；第二是西部地区，占 10.4%；第三是中部地区，占 9.8%（见图 19）。

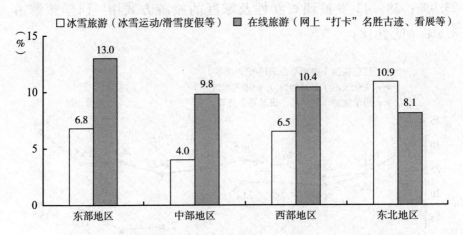

图 19　不同地区被调查女性及家庭旅游方式中冰雪旅游、在线旅游情况比较

（三）追逐消费新潮流，呈现六大消费特征

2022 年，被调查女性及家庭在消费方面呈现六大消费特征，按经常/有时的合计比例从高到低排序依次是："购物时精打细算"（95.2%）；"宅家网购/团购"（88.2%）；"买绿色节能家电、环保家具等"（87.0%）；"健身/养生"（84.7%）；"用国货、买国潮品牌"（75.7%）；"抢/用消费券"（67.5%）（见表 2）。被调查女性及家庭的消费新特征反映出她们的生活态度与消费理念、消费主张，选择更划算、更高品质、更健康的产品和服务成为她们的共同追求。

表 2　被调查女性及家庭的消费行为

单位：%

消费行为	经常	有时	没有	合计
抢/用消费券	14.9	52.6	32.6	100
宅家网购/团购	39.9	48.3	11.8	100
用国货、买国潮品牌	24.1	51.6	24.3	100
健身/养生	21.4	63.3	15.3	100
买绿色节能家电、环保家具等	25.1	61.9	13.0	100
购物时精打细算	48.3	46.9	4.8	100

1. 大部分女性更喜欢精打细算购物

勤俭节约是中华传统美德。2022 年，受疫情影响，被调查女性及家庭在购物时精打细算，经常/有时"购物时精打细算"的比例高达 95.2%，其中"经常"的比例为 48.3%，"有时"的比例为 46.9%。在疫情影响下，被调查女性及家庭在购物时更倾向于精打细算。

进一步分析发现，23~47 岁被调查女性及家庭的经常/有时"购物时精打细算"占比均高于 95.0%，其中最高值出现在 23~27 岁被调查女性中，为 96.1%（见图 20）。无论年龄大小，被调查女性在经常/有时"购物时精打细算"方面的占比均较高。

2. 中青年女性更喜爱宅家网购

2022 年，受疫情影响，很多地方出行受限，不少商场、超市、电影院等暂停营业或缩短营业时间，不少家庭的居家生活用品都通过网络购买，甚至连日常的食物、蔬果等都是网购/团购。被调查女性及家庭经常/有时"宅家网购/团购"的比例为 88.2%，其中"经常"的比例为 39.9%，"有时"的比例为 48.3%。

进一步分析发现，东部地区被调查女性及家庭经常/有时"宅家网购/团购"的比例最高，为 92.0%；第二是中部地区，占 88.3%；第三是西部地区，占 83.3%；第四是东北地区，占 82.1%（见图 21）。

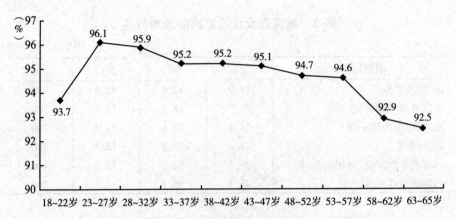

图20 不同年龄段被调查女性及家庭经常/有时
"购物时精打细算"情况比较

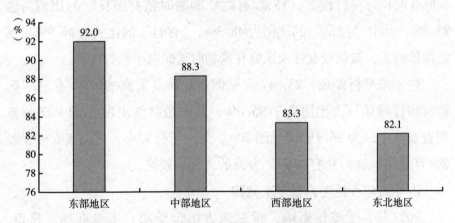

图21 不同地区被调查女性及家庭经常/有时
"宅家网购/团购"情况比较

年轻女性更喜爱宅家网购/团购。18~37岁被调查女性及家庭经常/有时"宅家网购/团购"的比例均高于90.0%。其中,占比最高的为28~32岁女性,占92.6%;58~62岁被调查女性占比最低,为68.9%(见图22)。

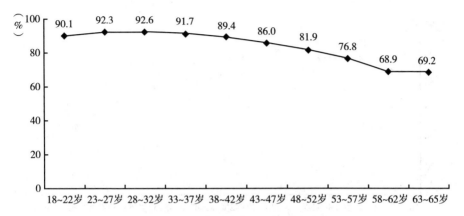

**图22 不同年龄段被调查女性及家庭经常/有时
"宅家网购/团购"情况比较**

3. 大部分女性更青睐绿色产品

随着人们环保意识的增强，消费者不再只追求价格和品牌，而是更加注重产品的环保属性，这种转变引发了消费趋势的新变化，绿色低碳成为人们在消费时关注的重点。本次调查结果显示，被调查女性及家庭经常/有时"买绿色节能家电、环保家具等"的比例为87.0%，其中"经常"的比例为25.1%，"有时"的比例为61.9%。被调查女性及家庭高度认同绿色生活理念，青睐绿色产品，在选购产品特别是婴幼儿产品时更倾向于选择健康、安全、无添加、无污染的环保产品，在装修房子时更倾向于购买绿色节能家电、环保家具等。

进一步分析发现，28~32岁被调查女性及家庭经常/有时"买绿色节能家电、环保家具等"的比例最高，为89.8%；18~57岁的占比均高于80.0%（见图23）。

4. 年轻女性更注重健身养生

2022年，受疫情影响，不少年轻人阶段性居家办公。他们为了增加运动量，会跟着直播视频进行运动健身，"刘畊宏女孩"由此产生，并受到很多人推崇。本次调查结果显示，被调查女性及家庭经

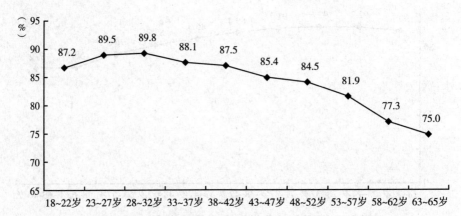

图 23　不同年龄段被调查女性及家庭经常/有时"买绿色节能家电、环保家具等"情况比较

常/有时"健身/养生"的比例为 84.7%，其中"经常"的比例为
21.4%，"有时"的比例为 63.3%。

　　进一步分析发现，不同年龄段被调查女性及家庭"健身/养生"
的情况不同。23～27 岁被调查女性及家庭经常/有时"健身/养生"
的比例最高，为 88.4%；第二是 28～32 岁，占 86.8%（见图 24）。
随着年龄的增长，女性对"健身/养生"的关注度有下降的趋势。

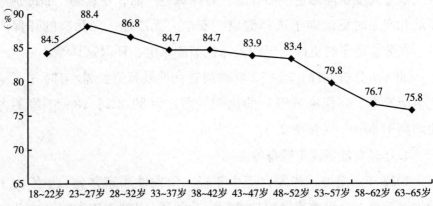

图 24　不同年龄段被调查女性及家庭经常/有时"健身/养生"情况比较

5.年轻女性更热衷于用国货、买国潮品牌

随着文化强国战略的不断推进，中国经济发展水平和消费水平显著提升，企业致力于开发能展现中华传统文化的产品，通过对品牌文化内涵的延伸，引导国货、国潮品牌消费新风尚。本次调查结果显示，被调查女性及家庭经常/有时"用国货、买国潮品牌"的比例为75.7%，其中经常"用国货、买国潮品牌"占24.1%，有时"用国货、买国潮品牌"占51.6%。

进一步分析发现，年轻女性更热衷于用国货、买国潮品牌。23~27岁被调查女性及家庭经常/有时"用国货、买国潮品牌"的比例最高，为85.3%；18~37岁的占比均高于80.0%（见图25）。

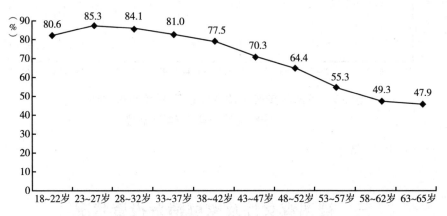

图25 不同年龄段被调查女性及家庭经常/有时"用国货、买国潮品牌"情况比较

6.年轻女性更善于用消费券购物

促进消费的目的是拉动经济复苏，发行消费券可以为消费者提供补贴，同时帮助经营者吸引更多的消费者，引导消费者进行消费，从而刺激消费需求。本次调查结果显示，被调查女性及家庭经常/有时"抢/用消费券"的比例为67.5%，其中经常"抢/用消费券"占14.9%，有时"抢/用消费券"占52.6%。

　　进一步分析发现，年轻女性更喜欢"抢/用消费券"进行购物，18~37岁被调查女性及家庭经常/有时"抢/用消费券"的比例均高于70.0%，其中，28~32岁占比最高，为79.0%（见图26）。随着年龄的增长，经常/有时"抢/用消费券"的被调查女性及家庭比例整体下降。

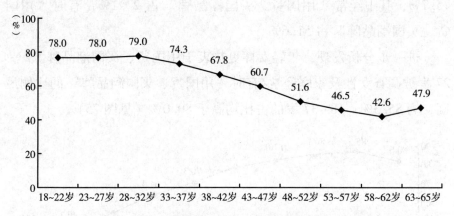

**图26　不同年龄段被调查女性及家庭经常/有时
"抢/用消费券"情况比较**

三　被调查女性及家庭消费投资状况

（一）偏爱低风险产品

　　本次调查中问及"投资理财"时，63.7%的被调查女性及家庭表示"有投资理财"，36.3%表示"没有投资理财"。她们的投资理财按选择比例从高到低排序依次是"银行存款"（53.4%）、"银行理财产品"（27.8%）、"股票"（12.0%）、"基金信托产品"（9.1%）、"互联网理财产品"（4.6%）、"黄金（贵金属）"（4.3%）、"其他"（1.7%）、"外汇"（0.6%）（见图27）。

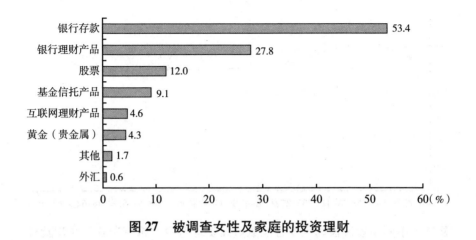

图27　被调查女性及家庭的投资理财

1.超半数被调查女性及家庭关注银行存款

受多方面因素影响，人们的储蓄意愿普遍增强，居民存款增长和消费低迷有一定关系。人们支出减少，必然有一部分转化为储蓄或进行投资理财。本次调查结果显示，被调查女性及家庭的投资理财中，"银行存款"占53.4%。

进一步分析发现，23～27岁被调查女性及家庭的投资理财中，"银行存款"占比最高，为61.9%；第二是63～65岁，占59.0%；第三是28～32岁，占58.2%（见图28）。23～32岁女性处于人生黄金时期，面临工作、结婚生子等，大多具有储蓄意识，为人生做好相应规划；63～65岁女性处于退休状态，更热衷于储蓄，提前为各种不确定性事件做好规划。

不同个人年收入的被调查女性及家庭的投资理财中，"银行存款"占比不同。随着个人年收入的增长，"银行存款"的占比不断上升（见图29），"银行存款"占比最高的是个人年收入为24万元以上的被调查女性及家庭，为75.0%。

2.谨慎选择银行理财产品

银行理财产品的特点是风险低、期限灵活、种类丰富、多币种、

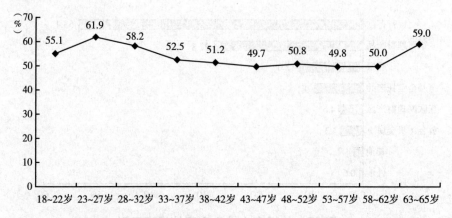

图28　不同年龄段被调查女性及家庭投资理财中"银行存款"情况比较

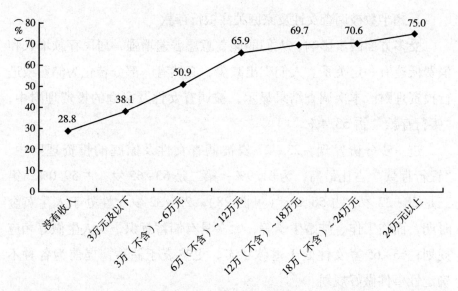

图29　不同个人年收入被调查女性及家庭投资理财中"银行存款"情况比较

购买方便。购买银行理财产品有合适的期限、相当的收益。当然，银行理财产品并不总是高收益，也有亏本的可能。本次调查结果显示，被调查女性及家庭的投资理财中，"银行理财产品"占27.8%。多数女性对银行理财产品还是持有谨慎态度。

进一步分析发现，28~32 岁被调查女性及家庭的投资理财中，"银行理财产品"占比最高，为 30.8%；第二是 38~42 岁，占 29.5%；第三是 33~37 岁，占 28.5%（见图 30）。与其他年龄段相比，23~42 岁被调查女性及家庭的投资理财中，"银行理财产品"占比相对较高。

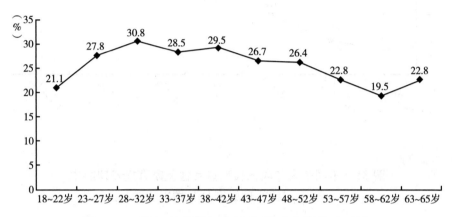

**图 30　不同年龄段被调查女性及家庭投资理财中
"银行理财产品"情况比较**

不同个人年收入的被调查女性及家庭的投资理财中，"银行理财产品"的占比不同。从总体来看，随着个人年收入的增长，被调查女性及家庭选择"银行理财产品"的比例不断上升。个人年收入为 24 万元以上的被调查女性及家庭的投资理财中，"银行理财产品"的占比最高，为 54.5%（见图 31）。

3. 年轻女性喜爱购买黄金等贵金属

近几年，年轻人对于黄金的接受度越来越高，不少"90 后""95 后"甚至"00 后"都开始储备黄金。黄金消费市场不断升温，这与国际金价持续走高有很大关系。有些人为了保值增值购买黄金等贵金属，也有些人是由于刚性需求购买黄金首饰。本次调查结果显示，被调查女性及家庭的投资理财中，"黄金（贵金属）"占 4.3%。

进一步分析发现，不同年龄段被调查女性及家庭的投资理财中，"黄

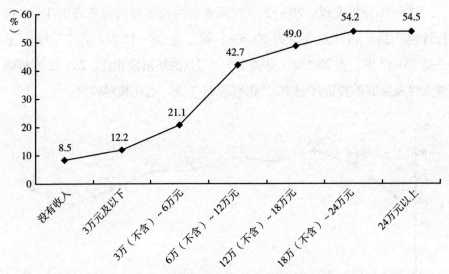

图 31　不同个人年收入被调查女性及家庭投资理财中
"银行理财产品"情况比较

金（贵金属）"的占比不同。年轻女性更喜爱"黄金（贵金属）"，18~
22 岁被调查女性及家庭的投资理财中，"黄金（贵金属）"占比最高，
为 11.1%；第二是 23~27 岁，占 10.1%；第三是 28~32 岁，占 6.3%（见
图 32）。可见，18~32 岁的年轻女性更喜爱购买黄金等贵金属。

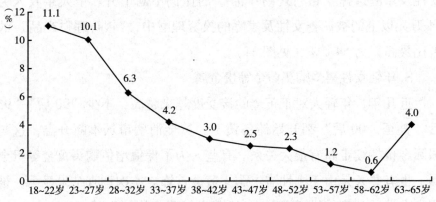

图 32　不同年龄段被调查女性及家庭投资理财中
"黄金（贵金属）"情况比较

（二）向往美好生活

被调查女性及家庭的消费投资计划按选择比例从高到低排序依次是："给孩子教育投资"（53.5%）；"买/换房，或以租代买、长租房"（38.0%）；"买/换车"（27.8%）；"旅游"（27.2%）；"自我提升（升学、进修等）"（23.2%）；"医疗保健"（21.2%）；"买理财产品、保险"（19.3%）；"社交文化和娱乐"（14.7%）；"尝试新的投资（创业、开店等）"（8.2%）；"入手更多家电/家居用品"（7.0%）；"升级迭代电子产品"（5.2%）；"其他"（3.3%）（见图33）。在"其他"选项中，被调查女性及家庭还有以下几方面的消费投资计划：提前还房贷；准备婚礼或彩礼。

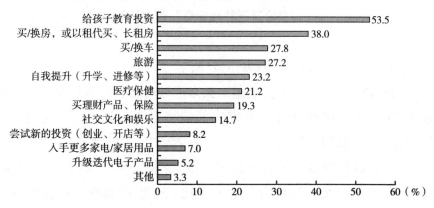

图33　被调查女性及家庭的消费投资计划

1. 过半数被调查女性及家庭喜欢给孩子教育投资

随着物质生活水平的不断提高，女性及家庭越来越重视孩子的教育，"望子成龙""望女成凤"，每一位家长都希望培养出优秀的孩子。本次调查结果显示，53.5%的被调查女性及家庭愿意"给孩子教育投资"，这个比例是最高的，远远高于其他消费投资计划。

进一步分析发现，38~42岁被调查女性及家庭的消费投资计划中，"给孩子教育投资"占比最高，为69.0%（见图34）。28~52岁被调查女性及家庭对于孩子的教育投资相对较高，这与这一年龄段养育孩子的压力有很大关系。

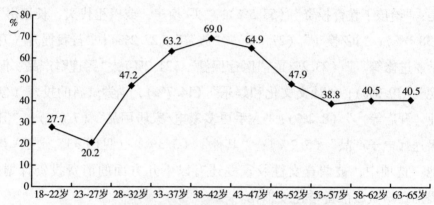

图34　不同年龄段被调查女性及家庭消费投资计划中
"给孩子教育投资"情况比较

2. 年轻女性更喜欢买/换房和买/换车

买房能够给女性带来安全感，买车能够改善女性出行条件。本次调查结果显示，被调查女性及家庭的消费投资计划中，"买/换房，或以租代买、长租房"占38.0%，"买/换车"占27.8%。

进一步分析发现，年轻女性更喜欢买/换房和买/换车。在"买/换房，或以租代买、长租房"方面，18~37岁被调查女性及家庭的占比均高于40.0%，其中占比最高的是28~32岁被调查女性及家庭，高达46.5%，这与她们要结婚生子以及具备较强的购买力有很大关系。在"买/换车"方面，18~37岁被调查女性喜爱"买/换车"，占比均高于30.0%，其中占比最高的是23~27岁被调查女性及家庭，占33.7%，这与她们走上工作岗位、具备购买汽车的经济实力有很大关系（见图35）。

3. 老年女性更热衷医疗保健

随着我国经济快速发展，人们的生活水平越来越高，老年人并不满

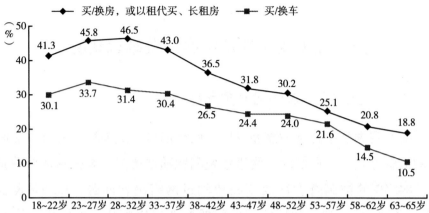

图35 不同年龄段被调查女性及家庭消费投资计划中
"买/换房，或以租代买、长租房"和
"买/换车"情况比较

足于一日三餐、解决温饱，他们开始越来越重视自身的健康。本次调查结果显示，被调查女性及家庭的消费投资计划中，"医疗保健"占21.2%。

进一步分析发现，63~65岁的被调查女性及家庭的消费投资计划中，"医疗保健"占比最高，为43.4%；第二是58~62岁，占38.2%；第三是53~57岁，占36.6%（见图36）。随着年龄增长，女性越来越热衷医疗保健，更关注自己及家人的健康。

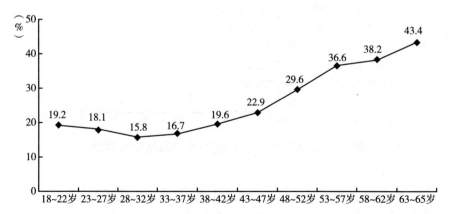

图36 不同年龄段被调查女性及家庭消费投资计划中"医疗保健"情况比较

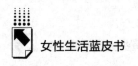

四 被调查女性及家庭消费维权状况

（一）普遍遭遇过网络消费问题

随着我国数字经济的蓬勃发展，网络消费已成为社会大众非常重要的消费方式。与此同时，网络消费问题随之增多。本次调查结果显示，84.4%的被调查女性及家庭遇到过网络消费问题，15.6%表示"没有遇到过"。遇到的网络消费问题按选择比例从高到低排序依次是："部分商品和服务有质量缺陷"（63.9%）；"网络交易经营者虚假宣传"（40.2%）；"侵害消费者个人信息安全"（32.2%）；"售后保障难以实现"（21.8%）； "利用预付式消费损害消费者权益"（14.4%）；"网络经营者使用不公平格式条款"（13.0%）；"物流环节损害消费者权益"（10.0%）； "利用技术手段妨碍消费者真实评价"（9.8%）；"其他"（0.9%）（见图37）。

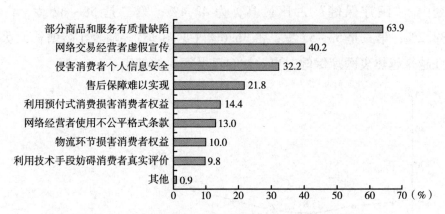

图37 被调查女性及家庭遇到的网络消费问题

1. 部分商品和服务有质量缺陷居网络消费问题首位

在网络消费领域，"直播带货"发展迅猛，产品和服务有质量缺陷问题更为突出。《中华人民共和国消费者权益保护法》第十九条规定，经营者发现其提供的商品或者服务存在缺陷，有危及人身、财产安全危险的，应当立即向有关行政部门报告和告知消费者，并采取停止销售、警示、召回、无害化处理、销毁、停止生产或者服务等措施。根据全国消协组织受理投诉情况统计，2022年消费者投诉中质量问题占比为19.81%，位居第三。本次调查结果显示，被调查女性及家庭遇到的网络消费问题中，"部分商品和服务有质量缺陷"占63.9%，位居第一。

网络消费新业态不断发展，特别是网络直播营销持续发展，网络交易经营者的虚假宣传形式更加多样化。本次调查结果显示，被调查女性及家庭遇到的网络消费问题中，"网络交易经营者虚假宣传"占40.2%，位居第二。

网络消费领域利用数据、算法等技术手段非法收集、分析、使用消费者个人信息的行为多有发生。本次调查结果显示，被调查女性及家庭遇到的网络消费问题中，"侵害消费者个人信息安全"占32.2%，位居第三。

售后服务问题不仅存在于传统商贸领域，还存在于电商领域。售后服务体系的建立需要花费大量的资金和时间，很多电商并没有能力去建立完善的售后服务体系。售后服务中，滥用无理由退货权的排除规则、要求消费者自行承担退换货运费等问题频现。本次调查结果显示，被调查女性及家庭遇到的网络消费问题中，"售后保障难以实现"占21.8%，位居第四。

2.年轻女性遇到网络消费问题的概率更高

女性经常网络购物，遇到问题的概率更高。本次调查结果显示，48岁以下被调查女性及家庭遇到网络消费问题的占比相对较高，这可能与她们经常在网络上购物消费有关。其中，23~27岁被调查女性及家庭遇到网络消费问题的占比最高，为92.5%（见图38）。从整体来看，大部分女性都遇到过网络消费问题，但随着年龄的增长，因用网络进行消费的可能性下降，遇到问题的比例也有所下降。

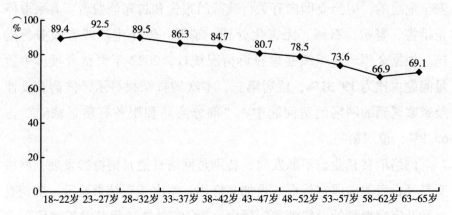

图38　不同年龄段被调查女性及家庭遇到网络消费问题情况比较

（二）努力维护自身合法权益

被调查女性及家人的维权意识较强，92.4%会选择各种方式维护自己的合法权益，只有7.6%会选择"默默忍受"。被调查女性及家庭的消费维权情况按选择比例从高到低排序依次是："和商家协商解决，商家服务态度有所改进"（59.7%）；"遇到问题更加敢于维权，维权意愿增强"（47.1%）；"向消协、便民热线投诉，维权效能提升"（23.4%）；"维权不及预期，维权过程烦琐、成本高"（14.1%）；"默默忍受"（7.6%）；"其他"（3.3%）（见图39）。

1. 多半女性愿意与商家协商解决问题

《中华人民共和国消费者权益保护法》第三十九条规定，消费者和经营者发生消费者权益争议的，可以通过下列途径解决：与经营者协商和解；请求消费者协会或者依法成立的其他调解组织调解；向有关行政部门投诉；根据与经营者达成的仲裁协议提请仲裁机构仲裁；向人民法院提起诉讼。本次调查结果显示，被调查女性及家庭的消费

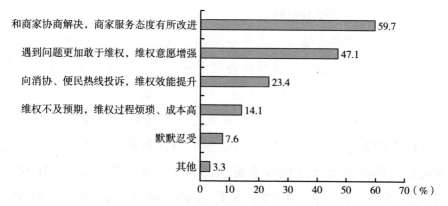

图39　被调查女性及家庭的消费维权情况

维权情况中，"和商家协商解决，商家服务态度有所改进"占59.7%。

　　进一步分析发现，随着被调查女性受教育程度提高，"和商家协商解决，商家服务态度有所改进"的比例整体提高。大学本科学历被调查女性及家庭消费维权中，"和商家协商解决，商家服务态度有所改进"占比最高，为63.6%（见图40）；初中及以下学历被调查女性及家庭消费维权中，"和商家协商解决，商家服务态度有所改进"占比最低，为49.0%，这可能与这部分女性消费维权知识较少有一定关系。

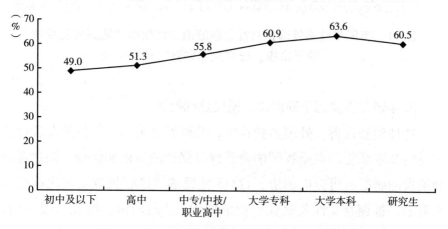

图40　不同学历被调查女性及家庭消费维权中"和商家协商解决，商家服务态度有所改进"情况比较

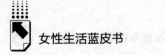

2. 年轻女性维权意愿增强

近年来，消费者维权意识不断增强，真正做到了知法学法懂法用法，合法维护自身权益。本次调查结果显示，被调查女性及家庭消费维权中，"遇到问题更加敢于维权，维权意愿增强"占47.1%。

进一步分析发现，18~22岁被调查女性及家庭消费维权中"遇到问题更加敢于维权，维权意愿增强"占比最高，为54.0%，这一年龄段的被调查女性维权意愿最强；第二是23~27岁，占51.0%；第三是58~62岁，占50.7%；最低为63~65岁，占比仅为41.0%（见图41），这可能与老年人因年龄比较大不愿意去维权有关。

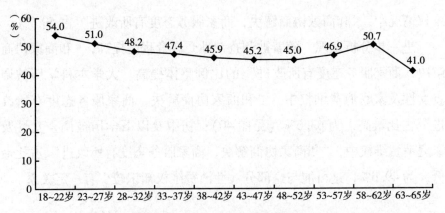

图41　不同年龄段被调查女性及家庭消费维权中"遇到问题更加敢于维权，维权意愿增强"情况比较

3. 年轻女性倾向于向消协、便民热线投诉

受理消费投诉，处理消费纠纷，是政府有关部门保护消费者合法权益的基本职能，也是我国消费者权益保护的特色和优势。消费者遇到消费问题时，可以向消协、12315便民热线进行投诉。本次调查结果显示，被调查女性及家庭消费维权中，"向消协、便民热线投诉，维权效能提升"占23.4%。

进一步分析发现，年轻女性更勇于向消协、便民热线投诉，维护自身合法权益。18~22 岁被调查女性及家庭消费维权中，"向消协、便民热线投诉，维权效能提升"占比最高，为 29.4%；53~65 岁占比相对较低（见图 42）。

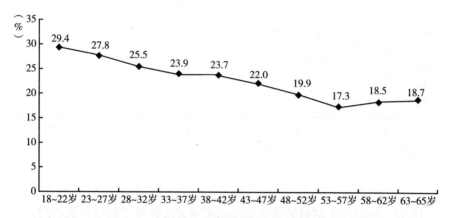

图42　不同年龄段被调查女性及家庭消费维权中"向消协、便民热线投诉，维权效能提升"情况比较

4. 高学历女性更加感受到消费维权不及预期

消费者维权所需的时间成本和经济成本往往比较高，很多人较难在工作之余有充足的时间和精力去维权，即使维权获赔，可能比维权所需费用还要少，得不偿失。在这种情形下，消费者可能选择放弃维权。本次调查结果显示，被调查女性及家庭消费维权中，"维权不及预期，维权过程烦琐、成本高"占 14.1%。

进一步分析发现，初中及以下学历被调查女性及家庭消费维权中，"维权不及预期，维权过程烦琐、成本高"占比最低，仅为 7.8%；研究生学历被调查女性及家庭消费维权中，"维权不及预期，维权过程烦琐、成本高"占比最高，为 19.4%，远远高于低学历被调查女性（见图 43）。这可能与女性受教育程度更高、懂得更多法律知识、掌握更多维权本领有一定关系。

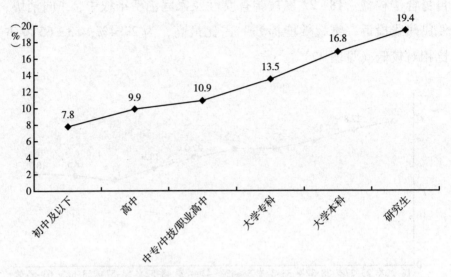

图43 不同学历的被调查女性及家庭消费维权中"维权不及预期，维权过程烦琐、成本高"情况比较

五 本次调查的主要结论

2022年，疫情带来的不确定性影响着人们的消费理念、消费习惯和消费模式，随着2022年底国家对疫情防控措施的不断优化调整，人们的生产生活秩序逐步恢复正常，对美好生活的追求步伐加快。本次调查结果显示，2022年中国城市女性及家庭更倾向于追求高质量消费，更愿意选择健康消费、绿色消费等，也愿意尝试新的消费模式，并在消费投资中更加谨慎，同时努力维护自身合法权益。

（一）健康消费受青睐

习近平总书记强调："人民健康是社会文明进步的基础，是民族昌盛和国家富强的重要标志，也是广大人民群众的共同追求。"① 中共中央、国务院印发的《"健康中国2030"规划纲要》指出，健康优先，把健康摆在优先发展的战略地位，立足国情，将促进健康的理念融入公共政策制定实施的全过程，加快形成有利于健康的生活方式、生态环境和经济社会发展模式，实现健康与经济社会良性协调发展。

健康消费是一种追求接近自然的生态消费，不以获得某一具体有形的商品或服务为主要目标，而是一种从中获得美感、知识、闲适的消费；也是在物质需求之外，更注重文化教育、科学技术学习、健康娱乐活动、体育活动等方面的消费。随着消费者对高质量健康产品和服务的需求不断增长，消费者的健康消费升级趋势明显，健康食品、休闲运动、医疗保健、智能穿戴等逐渐成为消费市场新热点。消费者更青睐健身、养生、运动等，健康消费成为推动消费提质扩容的重要组成部分。本次调查结果显示，被调查女性及家庭大项开支中，"看病/康养/保健/买保险"占50.4%，被调查女性及家庭经常/有时"健身/养生"的比例为84.7%。女性更加注重从情绪、饮食、睡眠和运动等方面践行健康生活方式，保持乐观、开朗、豁达的生活态度，注重科学健康饮食，养成早睡早起好习惯，经常参加体育锻炼。

疫情的发生进一步增强了人们的健康消费意识，强化了人们对健康的认知。在旅游消费领域，女性更加注重环境价值和健康主题的乡村游、自驾游等。本次调查结果显示，被调查女性及家庭的旅游方式主要为乡村旅游（34.4%）、红色旅游（25.5%）、文化旅游（19.9%）。

（二）绿色消费更环保

实现碳达峰碳中和，是贯彻新发展理念、构建新发展格局、推动

---

① 《人民健康是社会文明进步的基础》，人民网，2021年3月8日，https：//health. people. com. cn/n1/2021/0308/c14739-32045369. html。

高质量发展的内在要求，是党中央统筹国内国际两个大局做出的重大战略决策。党的二十大报告对"积极稳妥推进碳达峰碳中和"做出重要部署。国家发展改革委、商务部等7部门正式印发《促进绿色消费实施方案》，提出到2025年，绿色消费理念深入人心，奢侈浪费得到有效遏制，绿色低碳产品市场占有率大幅提升，重点领域消费绿色转型取得明显成效，绿色消费方式得到普遍推行，绿色低碳循环发展的消费体系初步形成。

《中国低碳经济发展报告蓝皮书（2022—2023）》指出，2022年，全国万元国内生产总值（GDP）能耗比上年下降0.1%、万元GDP二氧化碳排放量下降0.8%，节能降耗减排稳步推进[1]。2012年以来，中国以年均3%的能源消费增速支撑了年均6.6%的经济增长，单位GDP能耗下降26.4%，中国成为全球能耗强度下降最快的国家之一。艾瑞咨询发布的《2023年中国消费者洞察白皮书》[2]指出，环保型消费理念受到广大消费者的青睐，调研显示，42.3%的消费者愿意在生活中优先购买可多次循环利用或可被回收的商品；79.0%的消费者可以接受二手商品，其中接受度最高的为电子类产品。

绿色消费是符合社会发展水平和生态环境承载能力的新型消费方式，也代表着可持续性消费、理性消费，越来越多的女性消费者愿意使用绿色低碳产品。本次调查结果显示，被调查女性及家庭经常/有时"买绿色节能家电、环保家具等"的比例高达87.0%。

（三）品质消费更美好

高质量发展是"十四五"时期乃至更长时期我国经济社会发展

---

① 《〈低碳经济蓝皮书〉：中国已建成世界最大清洁发电体系》，光明网，2023年4月15日，https：//tech.gmw.cn/ny/2023-04/15/content_36499030.htm。
② 《2023年中国消费者洞察白皮书》，东方财富网，2023年5月15日，https：//caifuhao.eastmoney.com/news/202305151433331815615070。

的主题。高质量发展体现在社会各个领域，与满足人民美好生活需要紧密结合。推动高质量发展，创造高品质生活，需要不断增加优质产品和服务供给，让消费者享受高品质生活。

《中国生育成本报告2022版》①显示，通过科学计算，全国家庭0~17岁孩子的平均养育成本为48.5万元；0岁至大学本科毕业的平均养育成本为62.7万元。全国0~17岁孩子的平均养育成本中，6~14岁孩子的养育成本占总养育成本的比例最高，达到了45.4%，约为22万元。

过去，人们的需求主要是吃饱穿暖，现在物质条件好了，广大女性及家庭热切期盼高质量的家庭生活和精神生活，希望子女能够接受更好的教育、住更好的房子。中国家庭在养育孩子方面投入非常多，在很多女性及家庭的眼中，孩子肩负着家庭的未来，家庭也以孩子为中心。本次调查结果显示，从教育角度来看，被调查女性及家庭大项开支中，"生育养育教育孩子"（67.6%）占比最高，消费投资也多为"给孩子教育投资"（53.5%），让孩子接受更多教育，掌握更多的专业技能，学习更多的知识。从住房角度来看，被调查女性及家庭大项开支中，"买房/租房/装修"（53.8%）位居第二，消费投资中"买/换房，或以租代买、长租房"（38.0%）也位居第二，被调查女性及家庭期望通过买房、换房、租房来满足自己及家庭的住房需求。从出行角度来看，被调查女性及家庭大项开支中，"养车/买车"（46.0%）位居第四，消费投资中"买/换车"（27.8%）位居第三，被调查女性及家庭期望通过买车、换车来满足出行需求。从"悦己"角度来看，被调查女性及家庭大项开支中，"学习培训"（19.3%）、"美妆医美/服装服饰"（18.4%）、"珠宝/奢侈品"（1.2%）等方面

---

① 《中国生育成本报告2022版》，新浪网，2022年2月22日，https://finance.sina.com.cn/review/jcgc/2022-02-22/doc-imcwiwss2222473.shtml。

的支出也不少，消费投资也涉及"自我提升（升学、进修等）"
（23.2%）、"社交文化和娱乐"（14.7%）、"升级迭代电子产品"（5.2%），
被调查女性期望通过学习培训提升能力，通过美妆服饰、珠宝首饰等
提升外在形象，通过社交、文化和娱乐满足交往需求。

（四）品牌消费更推崇

2022 年中央经济工作会议指出，增强消费能力，改善消费条件，
创新消费场景。中共中央、国务院印发的《扩大内需战略规划纲要
（2022—2035 年）》指出："深入实施商标品牌战略。打造中国品
牌，培育和发展中华老字号和特色传统文化品牌。持续办好中国品牌
日活动，宣传推介国货精品，增强全社会品牌发展意识，在市场公平
竞争、消费者自主选择中培育更多享誉世界的中国品牌。"工信部等
5 部门发布的《数字化助力消费品工业"三品"行动方案（2022—
2025 年）》指出，推动国潮品牌创新发展，挖掘中国文化、中国记
忆、中华老字号等传统文化基因和非物质文化遗产，加强新生消费群
体消费取向研究，创新消费场景，推进国潮品牌建设。

百度发布的《中国品牌日·2022 百度消费搜索大数据》显示，
2022 年国货消费品牌搜索热度上涨 27%，国产手机品牌搜索占比最
高；健力宝、AD 钙奶、大白兔奶糖等上榜 2022 十大"国民记忆"
国货[1]。抖音电商发布的《2022 抖音电商国货发展年度报告》[2] 显
示，抖音电商平台的国货品牌销量同比增长 110%，国货商品搜索量
和短视频数量也呈上升趋势，国货商品搜索量提升 165%，国货短视
频数量提升 3652%。京东消费及产业发展研究院发布的《2023 中国

---

[1] 《2022 百度消费搜索大数据：国货消费品牌搜索热度近一年上涨 27%》，ChinaZ
网站，2022 年 5 月 12 日，https://www.chinaz.com/2022/0512/1394722.shtml。

[2] 《〈2022 抖音电商国货发展年度报告〉：年轻消费者成国货消费主力》，光明网，
2023 年 1 月 10 日，https://it.gmw.cn/2023-01/10/content_36291432.htm。

品牌发展趋势报告》显示，中国品牌的成长呈现消费与供给双重升级的特征，2019~2022 年，在具备一定销售规模的品牌中，国货商品的成交额增速（倍数）比销量增速（倍数）高出 1.2 倍，人均消费金额的增速超过 70%，消费者在国货商品上的花销持续增长。同时，从品牌数及商品种类的增长来看，2022 年国货商品种类的增速要快于品牌数增速。2019~2022 年，从产业端来看，以国潮为设计理念的产品种类增长了 231%，生产国潮产品的品牌数量增长了 223%；从消费端来看，购买国潮相关商品的消费者数量增长了 74%，成交额增长了 355%[①]。

随着经济全球化进程加快，品牌已成为推动国家、企业发展的重要战略资源和提升国际影响力的核心要素。品牌建设关系我国在世界经济体系中的地位和整体竞争力，对于促进经济高质量发展、满足居民消费升级需求、提升产业国际竞争力具有重要意义。本次调查结果显示，被调查女性及家庭支持国货，经常/有时"用国货、买国潮品牌"的占比高达 75.7%，尤其是年轻女性更推崇中国品牌，成为消费国货、国潮品牌的主力军。

（五）网络消费更便利

互联网行业不断发展，网络购物、外卖、快递等大大便利了人们的生产生活，改变了传统消费格局。中国互联网络信息中心（CNNIC）发布的第 51 次《中国互联网络发展状况统计报告》[②] 显示，截至 2022 年 12 月，我国网民规模达 10.67 亿人，较 2021 年 12 月增长

---

① 《京东 2023 中国品牌消费趋势显示：国潮产品种类扩充超 2 倍》，新浪网，2023 年 5 月 10 日，https://finance.sina.com.cn/stock/relnews/us/2023-05-10/doc-imythsmv0282173.shtml。

② 《第 51 次〈中国互联网络发展状况统计报告〉》，中国互联网络信息中心网站，2023 年 3 月 2 日，https://www.cnnic.net.cn/n4/2023/0303/c88-10757.html。

3549万人；我国网络购物用户规模达8.45亿人，较2021年12月增长319万人，占网民整体的79.2%。2022年网上零售额达13.79万亿元，同比增长4.0%。其中，实物商品网上零售额达11.96万亿元，同比增长6.2%，占社会消费品零售总额的比重为27.2%，在消费中的占比持续提升。本次调查结果显示，被调查女性及家庭的大项开支中，"食品餐饮/点外卖"占28.3%，经常/有时"宅家网购/团购"的比例为88.2%。

在网络消费逐渐普及和消费者权益保护制度逐渐完善的情形下，消费者还是会遇到各种各样的网络消费问题。本次调查结果显示，84.4%的被调查女性及家庭遇到过网络消费问题，排前3位的网络消费问题分别是"部分商品和服务有质量缺陷"（63.9%）、"网络交易经营者虚假宣传"（40.2%）、"侵害消费者个人信息安全"（32.2%）。消费者也会积极主动地维护自身权益，92.4的被调查女性及家庭会选择通过各种方式维护自己的合法权益。排前3位的消费维权情况分别是"和商家协商解决，商家服务态度有所改进"（59.7%）、"遇到问题更加敢于维权，维权意愿增强"（47.1%）、"向消协、便民热线投诉，维权效能提升"（23.4%）。网络消费者维权意识的增强，将倒逼网络交易平台和平台内经营者诚信经营，不断推动网络消费生态更加健康有序。

（六）消费投资更谨慎

近年来，国际经济发展环境不断变化，全球经济面临下行压力。同时，新一轮科技革命和产业革命重塑世界格局，为中国经济带来了巨大机遇和挑战。消费投资随着市场环境变化而变化，除了疫情影响，地缘政治、国内经济政策变化也将影响人们的消费投资。

2022年，在疫情反复的背景下，居民消费意愿下降，存款不断增长。2023年1月10日，中国人民银行发布的《2022年金融统计数据报告》① 显示，2022 年人民币存款增加了 26.26 万亿元，同比增加 6.59 万亿元。其中，居民存款增加了 17.84 万亿元，与 2021 年 9.90 万亿元的居民储蓄增量相比，出现了 7.94 万亿元的居民超额储蓄。在全国 50 个城市进行 2 万户城镇储户问卷调查的基础上，中国人民银行发布了 2022 年四个季度的城镇储户问卷调查报告②。该报告显示，在消费、储蓄和投资意愿上，倾向于"更多储蓄"的居民在 2022 年第一季度、第二季度、第三季度、第四季度的占比分别是 54.7%、58.3%、58.1%、61.8%。与此对应的是，倾向于"更多消费"的居民在 2022 年四个季度的占比分别是 23.7%、23.8%、22.8%、22.8%；倾向于"更多投资"的居民在 2022 年四个季度的占比分别是 21.6%、17.9%、19.1%、15.5%。

家庭是社会经济的最小单位。预防性储蓄理论认为，在不确定情况下，消费者预期未来消费的边际效应大于确定情况下消费的边际效用。未来的风险越大，消费者预期未来消费的边际效应越大，消费者越会选择把更多的财富转移到未来进行消费。2022 年，城市女性及家庭在疫情的影响下，选择预防性储蓄，以应对工作和收入的不稳定、不确定性。特别是中低收入家庭和自由职业者，他们的工作稳定性受疫情影响较大，更愿意进行储蓄。本次调查在问及"投资理财"时，被调查女性及家庭有投资理财的占 63.7%。在这部分"投资理财"中，"银行存款"占 53.4%，"银行理财产品"占 27.8%。可见，人们更愿意少花钱、多存钱，消费投资趋于保守，更偏爱低风险产品，如银行存款等。增加储蓄、减少投资也与当前居民银行存款数额高的情况一致。

---

① 《2022 年金融统计数据报告》，中国人民银行网站，2023 年 1 月 10 日，http://www.pbc.gov.cn/diaochatongjisi/116219/116225/4446000/index.html。

② 资料来源：中国人民银行《2022 年第一季度城镇储户问卷调查报告》《2022 年第二季度城镇储户问卷调查报告》《2022 年第三季度城镇储户问卷调查报告》《2022 年第四季度城镇储户问卷调查报告》。

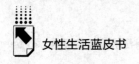

六　关于促进女性及家庭消费的建议

城市女性及家庭的消费品质不断提升，高质量消费提升了女性及家庭消费的满意度，但是本次调查也反映出被调查女性及家庭在消费过程中遇到的各种问题，如消费信心不足、育儿成本过高、网络消费问题频发等。针对这些情况，本报告提出以下建议。

（一）稳定住房、汽车等大宗消费，促使女性及家庭敢于消费

消费是最终需求，是畅通国内大循环的关键环节和重要引擎，对经济具有持久拉动力，事关保障和改善民生。国家统计局发布的《2023年上半年居民收入和消费支出情况》数据显示，2023年上半年，全国居民人均可支配收入为19672元，比上年同期名义增长6.5%，扣除价格因素，实际增长5.8%。在消费支出方面，全国居民人均食品烟酒消费支出为3907元，增长6.0%，占人均消费支出的比重为30.7%；人均居住消费支出为2949元，增长5.1%，占人均消费支出的比重为23.2%①。可见，人均食品烟酒消费支出和居住消费支出合计占人均消费支出的一半以上，居民收入的近1/4（23.2%）用于居住消费。中国人民银行数据显示，2023年上半年，本外币存款余额为284.67万亿元，同比增长10.5%；人民币存款增加20.1万亿元，其中住户存款增加11.91万亿元②。居民人均可支配收入增速远远低于银行存款增速，源于人们面对外界环境的不确定性，将大部分

① 《2023年上半年居民收入和消费支出情况》，国家统计局网站，2023年7月15日，http://www.stats.gov.cn/sj/zxfb/202307/t20230715_1941274.html。
② 《2023年上半年金融统计数据报告》，中国人民银行网站，2023年9月18日，http://www.pbc.gov.cn/goutongjiaoliu/113456/113469/4988947/index.html。

收入存入了银行，这也与本报告调查结果一致，超半数被调查女性及家庭热衷于银行存款。为此，要以住房、汽车等重点领域消费为着力点，稳定住房、汽车等大宗消费，让更多的女性及家庭敢于消费。

一是稳定住房消费。目前，国家进一步调整优化房地产政策，要求根据不同需求、不同城市等，推出有利于房地产市场平稳健康发展的政策举措，加快研究构建房地产业的新发展模式。因居住消费支出占据了女性及家庭支出的很高比例，为此，要坚持"房子是用来住的，不是用来炒的"的定位，满足刚性和改善性住房需求，做好一系列的保交楼、保民生、保稳定工作，促进住房消费市场的健康稳定发展。实施购房补贴、展销促销等措施，实行差别化住房信贷政策，更好地满足女性及家庭的合理住房需求。完善长租房政策，增加女性及家庭的保障性租赁住房供给，着力解决部分年轻女性等住房困难群体的住房问题。进一步扩大公积金使用范围，简化公积金提取流程，方便女性及家庭进行住房消费。

二是稳定汽车消费。中国是新能源汽车生产和消费大国，拥有全球最完整的新能源汽车产业链。女性在新能源汽车消费市场中占据了较高比例，她们综合比较新能源汽车的价格、安全、舒适度等，也更加注重节能环保、养车成本。为此，要针对女性及家庭购买新能源汽车的用途和参考因素，开发更加个性化、情感化、智能化的新能源汽车；要提高新能源汽车智能辅助驾驶技术水平，让女性的驾车过程更加轻松；要积极支持新能源充电桩设施建设，加快推进社区、停车场、加油站、高速公路服务区的充电桩设施建设，便利新能源汽车充电；要鼓励汽车以旧换新，促进女性及家庭的汽车更新消费。

（二）增加就业机会和收入，提升女性及家庭消费能力

随着社会经济发展，女性及家庭越来越重视孩子的教育质量，为了让孩子不输在"起跑线"上，负担着较高的生育养育教育成本。

因此，有必要增加女性的就业机会和收入，提升女性及家庭消费能力。

一是增加女性就业机会和收入。女性在消费中的主导地位突出，肩负着制定家庭消费计划、采购和升级家庭日常生活用品的责任，直接影响着家庭消费结构。要想方设法地增加女性就业机会和收入，特别是非全日制就业机会和收入，充分运用新媒体、新技术，引导女性参与直播电商、网约配送等新就业模式，促进女性自由职业发展。鼓励女性以创业带动就业，支持女性个体经营发展，加强女性职业技能培训，帮助生育后再就业女性实现就业。鼓励实行灵活工作方式，采取弹性上下班、居家办公等工作方式，为有接送子女上下学、照顾生病或居家子女及老人等需求的女员工提供工作便利。

二是降低生育养育教育成本。政府可以通过优化生育政策来降低生育成本，给予"二孩""三孩"家庭一定的生育补贴和税收优惠，减轻女性及家庭经济负担。完善普惠托育服务制度、生育休假制度、社会保障制度等，拓展生育保险的普惠性功能，使得生育保险能覆盖更多的女性。加强教育基础设施建设、维护和使用，建立社区托育服务供给模式，实现孩子就近入学，提供中小学课后文体活动、社会实践活动和托管服务，解决接送孩子的后顾之忧，让女性能够安心工作。

三是充分挖掘女性消费潜力。现如今，越来越多的女性追求经济独立，更加注重"悦己"、"悦家"和生活消费，喜欢通过旅游、户外健身运动等进行情绪放松、屏蔽外界干扰；更加热衷于使用智能产品，将智能小家电作为生活小帮手，提高做家务的效率；更加喜欢用科技手段来养育孩子，实现高质量陪伴，促进孩子成长。女性也注重自我能力的提升，关心国家大事，通过阅读、在线培训、再教育等多种方式实现自我成长。这就要求社会必须紧跟女性消费观念的变化，充分把握不同女性群体的消费意识、消费习惯、消费需求，满足差异化需求。针对中等收入女性消费群体，突出产品和服务的便捷性、安全性，重点发展健康、教育、亲子、健身、时尚等行业。针对高收入女性消费群体，提升精准化服务水平，突出女性消费的体验感和参与度。

（三）发展新型消费、绿色消费、服务消费，提升女性及家庭生活品质

当前，消费市场上的各种新业态新模式层出不穷，发展新型消费有利于发挥消费基础性作用、倒逼产业结构转型升级，发展绿色消费有利于促进经济社会与资源环境协调发展，发展服务消费有利于提升女性及家庭生活质量。因此，要从多方面促进女性及家庭品质消费。

一是扩大数字消费。推进数字消费基础设施建设，加快传统消费数字化转型，促使电子商务、直播经济、在线文娱等数字消费规范化发展，让女性及家庭能够随时随地进行在线学习、在线健身、在线娱乐等，这也能促进在线旅游行业发展。大力发展即时零售、智慧商店等新零售业态，让女性及家庭能够非常方便地获取想要的产品和服务。积极拓展沉浸式、体验式、互动式消费新场景，让更多女性及家庭消费时能够身临其境，更有消费欲望。

二是拓展绿色消费。积极发展绿色低碳消费市场，健全绿色低碳产品生产和推广机制，让更多女性及家庭选择耐用消费品。广泛开展绿色家庭、绿色社区等活动，反对奢侈浪费和过度消费，倡导理性消费，将资金用于女性及家庭投资，提升生活品质。鼓励共享出行、共享住宿、共享旅游等产品智能化升级，完善具有公共服务属性的共享产品相关标准，满足女性及家庭绿色出行需求。

三是优化服务消费。完善教育培训、养老育幼、医疗健康、旅游体育、家政服务等服务消费需求旺盛的重点领域的服务标准，让女性及家庭能够判断服务是否到位。依法打击假冒伪劣行为，持续推动创建放心市场、放心商店、放心网店、放心景区、放心工厂等，加快形

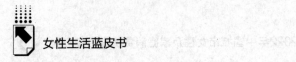
成产品质量追溯体系、无理由退换货、明码标价、消费后评价的放心消费制度闭环，真正让女性及家庭能够放心消费。

（四）增强消费维权意识，切实改善女性及家庭消费环境

女性及家庭在消费过程中会遇到各种各样的消费问题。为保护消费者合法权益，营造公平、公正、诚信的市场环境，有必要增强女性及家庭的消费维权意识，切实改善女性及家庭消费环境。

一是健全消费者权益保护机制。根据全国消协组织受理投诉情况统计，2023 年上半年，全国消协组织共受理消费者投诉 615365 件，解决 497142 件，投诉解决率达 80.79%，为消费者挽回经济损失59064 万元[①]。要健全消费者权益保护机制，进一步畅通消费者投诉举报渠道，让女性及家庭能够快速便捷地维护自身合法权益。建立消费者投诉信息公示制度，督促企业诚信经营，让女性及家庭理解不同行业领域经营状况的差异性，以及相同行业领域不同经营者的诚信经营状况，从而让女性及家庭有能力正确识别诚信经营企业，充分保障女性消费者的消费权和选择权。

二是打造高质量消费供给体系。企业是各类消费产品的生产者、供应者，是营商环境建设的重要力量，要积极引导企业增加高质量产品和服务供给，加强吃穿用住行等传统消费的品牌、品质、标准和质量建设，要针对女性及家庭消费特点开发更符合她们需求的产品和服务。加快培育区域消费中心、地方特色消费中心，发展智慧商圈，打造"一刻钟"便民生活圈，合理布局养老、托育、餐饮、家政、零售、快递、健身、美发、维修、废旧物品回收等便民生活服务业态，让女性及家庭能够快速便捷地享受服务，提升消费便利度。

---

① 《2023 年上半年全国消协组织受理投诉情况分析》，中国消费者协会网站，2023 年 8 月 2 日，https://www.cca.org.cn/tsdh/detail/30708.html。

B.4
女性以家庭阅读引领美好生活
——解读《十城千家阅读现状调查报告》

中国妇女杂志社一编室*

摘　要： 对10个城市93个区（县）5915人的调查显示，2022年，96.6%的家庭有阅读习惯，80.8%的家庭有买书/订报刊支出，18.4%的家庭年阅读量在30本及以上，"书香飘万家"氛围浓厚。家是读书的第一场所，家里/书房位居家庭阅读场所第一，占84.5%。孩子和妈妈成为家庭"领读者"，形成书香家风。在家庭阅读方式中，54.4%的被调查者选择了纸质读物（图书、报纸、期刊），超八成被调查者表示家里有要保存下来的藏书。本次调查得到的结论是：女性在家庭阅读习惯的养成、书香家风的形成中发挥着独特作用。本报告从家庭出发，在社区图书馆数目增加、社会阅读风尚榜样带动、新时代阅读精品书目扩容等方面提出建议。

关键词： 家庭阅读　家庭藏书　书香家风

---

* 调研组组长：吴宝丽，中国妇女杂志社副社长。副组长：柳亚敏，中国妇女杂志社一编室主任；迟桂兰，中国妇女杂志社出版发行部主任。主要执笔人：王晓艳，《中国妇女》专题总监、首席编辑，华坤女性生活调查中心副理事长，《中国妇女》家教专栏主笔，主要研究方向为家庭教育；张明明，华坤女性生活调查中心理事长，负责调查研究项目管理、数据统计分析。调研组成员：王梓蓉、刘哲、任雪静、李晓宏、宋宝霞、杨玉婷。

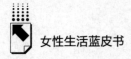

你重视家庭阅读吗？全家一年能读多少本书？谁是你家的"领读者"？如何培养孩子的阅读习惯？无论怎么"断舍离"都会保留的家庭藏书是什么？2023年4月23日是第28个世界阅读日，也是我国的全民阅读日。为及时了解我国家庭阅读现状，《中国妇女》特别策划了"十城千家阅读现状调查"。本次调查中，阅读特指对书籍、期刊、报纸等的深度阅读，家庭阅读特指家里每个人的阅读及共读。本次调查重点抽取10个城市93个区（县），通过"中国妇女"微信公众号、各级妇联组织等渠道发放和回收有效电子问卷5915份。本次调查不仅是对家庭"阅读史"的盘点，也是提醒家庭"开读啦"的铃声。

本报告结合问卷调查结果、家庭阅读个案调研，并参照其他相关调查数据和文献资料进行综合分析，以期更好地呈现中国家庭阅读的现状以及女性在其中发挥的特殊作用，对形成书香家风、构建书香中国起到一定的促进作用。通过调研，笔者得出以下三个判断：其一，家庭阅读已经形成一定规模，呈现一些规律；其二，女性在家庭阅读中发挥着特殊作用；其三，从女性角度观察家庭阅读能发现存在的问题并提出建议。

一　被调查者的基本情况

1. 被调查者的居住城市

按照国家统计局"东中西部和东北地区划分方法"，重点抽取了10个城市，分别是北京、上海、杭州、广州、合肥、武汉、重庆、贵阳、西宁和长春（见图1）。

2. 被调查者的性别

被调查者中，女性占86.4%，男性占13.6%（见图2）。

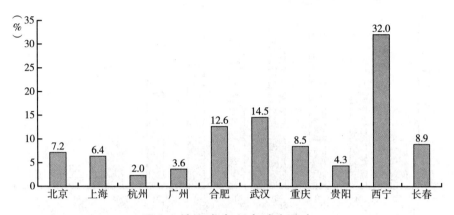

图1　被调查者所在城市分布

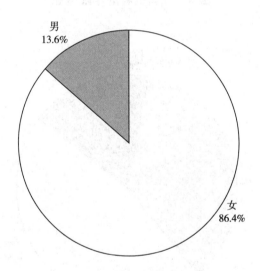

图2　被调查者的性别分布

3. 被调查者的年龄

被调查者的平均年龄为 39 岁。25~54 岁是本次调查的主要人群，合计比例达到 89.2%（见图 3）。

4. 被调查者的生育情况

被调查者中，有孩子的占 85.4%，没有孩子的占 14.6%（见图 4）。

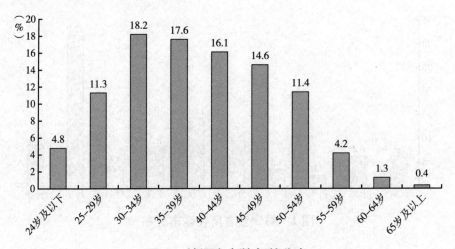

图 3　被调查者的年龄分布

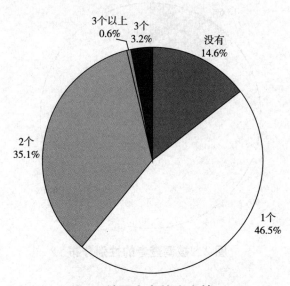

图 4　被调查者的生育情况

5. 被调查者的受教育程度

被调查者的学历中，大学本科占比最高，为 33.8%；大学专科占 24.2%；初中占 18.5%；高中/中专/技校/职高占 16.9%；小学及以下占 3.7%；研究生占 3.0%（见图5）。

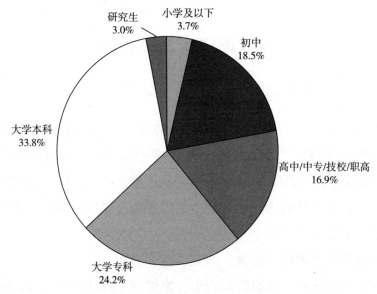

图 5　被调查者的受教育程度

6. 被调查者的职业

　　被调查者的职业多样，党政机关及群团组织占 25.8%，农民/进城务工占 13.3%，全职主妇/妈妈占 12.6%，事业单位占 10.4%，个体/自主创业/自由职业占 10.1%，国有及集体企业占 3.1%，私企/中小微企业占 2.9%，退休人员占 2.5%，在校读书占 1.0%，外资/合资企业占 0.3%；因填写具体职业而无法归类的其他人员占 18.0%（见图 6）。

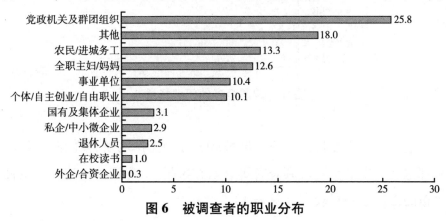

图 6　被调查者的职业分布

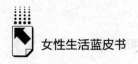

二　本次阅读调查的主要结论

（一）家庭阅读成为全民阅读落实点

2023 年国务院《政府工作报告》指出，深入推进全民阅读。这是自 2014 年以来，"全民阅读"第 10 年被写入国务院《政府工作报告》。从最初的"倡导"到今天的"深入推进"，人们认识到阅读是门槛最低的家庭建设活动，而产生的力量则是最深远的，"全民阅读从全家开始"成为共识。

1. 家是读书的第一场所

在关于家庭阅读场所的调查中，家里/书房位居第一，占 84.5%。同时，被调查者也积极走出家门去各类图书馆阅读，如公共图书馆、社区图书馆、乡村图书馆等（见图 7）。家是读书的第一场所，形成家庭阅读风气至关重要。

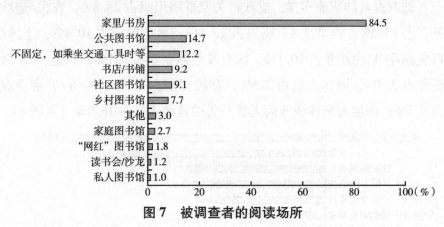

图 7　被调查者的阅读场所

进一步分析发现，不同地区被调查者的阅读场所存在显著差异。东部地区、中部地区被调查者更喜欢在家里/书房阅读，选择公共图书馆的占比也相对较高（见表 1）。

表1 不同地区被调查者的阅读场所

单位：%

场所	东部地区	中部地区	西部地区	东北地区
家里/书房	87.0	88.8	81.6	81.8
公共图书馆	19.3	17.7	12.3	9.3
社区图书馆	8.5	12.9	7.5	6.2
"网红"图书馆	2.3	0.9	2.2	1.5
私人图书馆	1.1	0.7	1.2	1.2
家庭图书馆	2.6	1.6	3.5	2.5
乡村图书馆	3.8	7.4	9.0	8.9
书店/书铺	11.2	8.5	9.5	5.9
读书会/沙龙	1.7	1.2	1.0	1.4
不固定,如乘坐交通工具时等	17.2	9.8	12.6	7.8
其他	1.8	1.6	4.1	3.2

2. 有孩子的家庭更重视家庭阅读

调查显示，74.0%的被调查者非常或比较重视家庭阅读。其中，41.9%表示"非常重视"；32.1%表示"比较重视"。另外，22.3%的被调查者表示"一般"，只有3.7%的被调查者表示"不太重视"或"不重视"（见图8）。

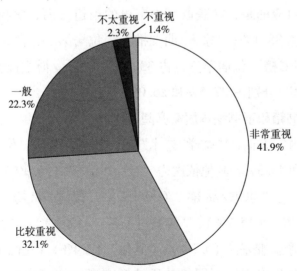

图8 被调查者对家庭阅读的态度

调查数据分析显示，有孩子的家庭更重视家庭阅读。在"非常重视"方面，有1个、2个、3个、3个以上孩子的家庭占比均高于没有孩子的家庭；在"不重视"方面，没有孩子的家庭占比最高。数据还显示，随着孩子数量增加，尤其是有3个以上孩子的家庭，由于时间和精力有限，对阅读的重视程度有所下降（见表2）。

表2 有无孩子家庭对阅读的态度

单位：%

程度	没有孩子	1个孩子	2个孩子	3个孩子	3个以上孩子
非常重视	35.2	44.2	42.0	46.2	41.7
比较重视	30.4	32.6	32.7	31.2	27.1
一般	27.6	20.6	22.1	18.1	31.0
不太重视	3.9	1.8	2.0	4.1	0.0
不重视	2.9	0.8	1.3	0.4	0.0
合计	100	100	100	100	100

而与之对应的是，在获取新书资讯的渠道方面，学校/老师推荐占比最高，达38.1%；"家人/朋友推荐"位居第二，占37.5%；"必读书单/畅销书榜"位居第三，占33.4%；"媒体/博主推荐"和"名家/专家推荐"分别占27.5%和26.0%（见图9）。

3. 文学书籍和童书绘本居家庭阅读榜首

在阅读内容方面，"文学/艺术"和"童书/绘本"位居前二，分别占46.4%和43.5%。其他依次为"社会/历史"（35.9%）、"生活/休闲"（32.1%）、"思政/品德"（20.1%）、"励志/职场"（17.4%）、"教辅/工具书"（15.7%）、"科技/网络"（12.1%）、"经济/理财"（9.2%）、"婚恋/情感"（5.7%）、"其他"（2.4%）（见图10）。

进一步分析发现，不同年龄段被调查者的阅读内容存在显著差

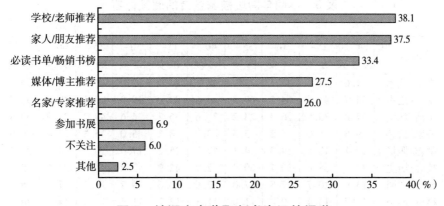

图9　被调查者获取新书资讯的渠道

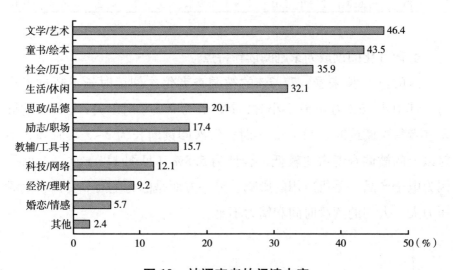

图10　被调查者的阅读内容

异：30岁以下被调查者阅读"文学/艺术"的比例较高；30～39岁被调查者阅读"童书/绘本"的比例较高；50～54岁被调查者阅读社会/历史的比例较高；65岁及以上被调查者阅读"生活/休闲"的比例较高（见表3）。

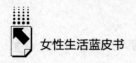

表 3 不同年龄段被调查者的阅读内容

单位：%

内容	24 岁及以下	25~29 岁	30~34 岁	35~39 岁	40~44 岁	45~49 岁	50~54 岁	55~59 岁	60~64 岁	65 岁及以上
文学/艺术	61.6	61.5	42.1	47.9	44.1	44.0	39.0	45.2	28.1	42.6
童书/绘本	34.7	41.6	64.2	67.3	43.6	22.9	19.9	28.1	49.8	56.5
生活/休闲	37.8	33.5	26.3	23.2	30.6	36.2	36.6	42.2	31.9	69.4
婚恋/情感	9.8	8.0	5.2	3.5	3.9	8.3	5.0	5.3	0.4	6.5
励志/职场	20.1	18.5	14.3	14.1	17.2	25.2	17.0	16.7	4.3	20.3
社会/历史	37.3	38.0	30.1	30.4	32.9	42.9	43.2	41.4	27.6	25.1
经济/理财	13.9	10.7	7.8	7.0	7.6	10.6	9.7	11.3	7.7	6.5
科技/网络	18.2	13.4	9.4	11.0	11.3	12.2	11.4	15.6	14.4	20.3
思政/品德	19.8	17.1	14.2	17.2	20.3	25.0	24.2	26.7	20.0	39.7
教辅/工具书	17.8	13.0	15.8	21.7	18.1	14.3	10.6	13.4	7.7	27.7
其他	6.3	3.3	1.0	1.8	0.9	3.6	2.8	2.2	6.8	0.0

4. 碎片化阅读成为家庭阅读新特点

从阅读时长来看，77.2%的被调查者每次阅读时长不超过 1 小时，其中 47.6%为 0.5~1 小时，29.6%为 0.5 小时以内；17.0%的被调查者每次阅读时长为 1~2 小时；每次阅读时长为 2~3 小时和 3 小时以上的被调查者占比较低，合计为 5.8%（见图 11）。这一方面是因为电子产品、手机应用的影响，另一方面是因为生活节奏快、生活压力大，人们的阅读时间和精力不足。

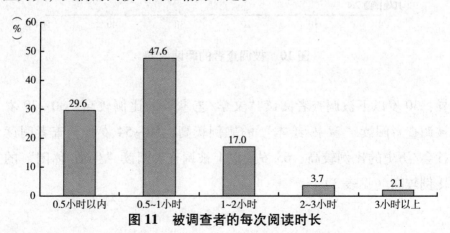

图 11 被调查者的每次阅读时长

进一步分析发现，女性被调查者的每次阅读时长低于男性，选择"0.5 小时以内""0.5~1 小时"的占比相对较高（见表4）。这可能与她们承担更多家庭责任有关，如孩子照料与抚养、做家务等，难以有较长的阅读时间。

表4　不同性别被调查者的每次阅读时长

单位：%

时长	女	男
0.5 小时以内	30.2	29.0
0.5~1 小时	50.4	45.1
1~2 小时	15.7	18.2
2~3 小时	2.5	4.7
3 小时以上	1.2	3.0
合计	100	100

（二）女性在家庭阅读中发挥独特作用

女性发挥特殊作用，以家庭阅读引领家庭家教家风成为此次调查的重要发现。阅读成为她们经营家庭、实施家教、传承家风的抓手，通过家庭阅读传播科学的家庭教育理念，培养儿童良好阅读习惯，树立家庭文明新风尚。还有很多女性不仅打造着自家的读书频道，也活跃于社会，做阅读推广人，带动越来越多的"悦"读之家。

1. 妈妈带动孩子成为家庭"领读者"

谁是家庭"领读者"？孩子和妈妈占比位居前二，分别占32.5%和31.8%（见图12）。孩子为什么能成为家庭"领读者"呢？很多被调查者表示，正是因为孩子需要"读书"，所以全家才开始读书。

进一步分析发现，东北地区的妈妈作为家庭"领读者"的占比最高，为41.7%；西部地区的爸爸和孩子在引领家庭阅读方面最积极，相比其他地区占比均为最高（见表5）。

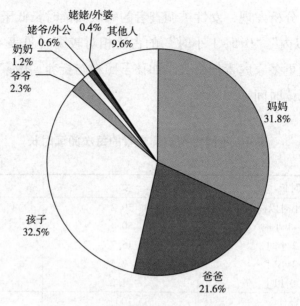

图12 被调查者的家庭"领读者"

表5 不同地区被调查者的家庭"领读者"

单位：%

领读者	东部地区	中部地区	西部地区	东北地区
妈妈	37.1	38.6	25.0	41.7
爸爸	20.3	22.2	22.5	16.1
孩子	31.7	27.1	35.7	33.4
爷爷	0.8	2.4	2.7	1.8
奶奶	1.8	0.9	1.2	0.5
姥爷/外公	0.4	0.1	1.1	0.3
姥姥/外婆	0.4	0.6	0.2	0.5
其他	7.5	8.1	11.6	5.7
合计	100	100	100	100

　　作为领读人怎么培养孩子的阅读习惯？被调查者选择"以身作则、手不释卷"的占比最高，为41.1%；紧随其后的是"经常陪孩

子一起阅读"和"经常带孩子去图书馆",分别占 37.1% 和 22.1%
(见图 13)。

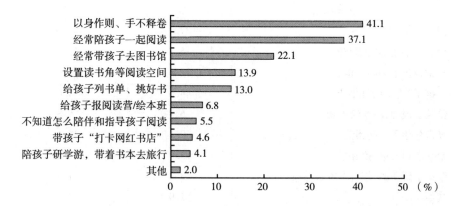

图 13　被调查者培养孩子阅读习惯的方式

作为家庭"领读者",女性首先在心里解决"我要读书"的问题,再以自己觉得最合适的方式开始阅读,然后带动家庭阅读习惯的养成。

2. 女性通过阅读提高家教水平,营造书香氛围

进一步分析发现,女性被调查者更注重将阅读融入生活日常,如"设置读书角等阅读空间""经常带孩子去图书馆""经常陪孩子一起阅读"。男性被调查者在"以身作则、手不释卷""陪孩子研学游,带着书本去旅行"等方面做得更好,显示出他们更愿意通过榜样力量来培养孩子的阅读习惯(见表 6)。

进一步分析发现,女性被调查者阅读"童书/绘本""教辅/工具书"的比例高于男性,体现了她们以陪伴孩子阅读为主,阅读内容也根据孩子的需求而定。男性被调查者阅读内容更广泛,如"文学/艺术""社会/历史""经济/理财""科技/网络""思政/品德"等(见表 7)。

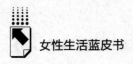

表6　不同性别被调查者培养孩子阅读习惯的方式

单位：%

方式	女	男
以身作则、手不释卷	37.1	44.9
设置读书角等阅读空间	15.4	12.4
经常带孩子去图书馆	22.5	21.7
带孩子"打卡网红书店"	4.6	4.6
给孩子报阅读营/绘本班	6.9	6.8
经常陪孩子一起阅读	39.1	35.1
给孩子列书单、挑好书	13.9	12.2
陪孩子研学游,带着书本去旅行	3.8	4.5
其他	1.9	2.1
不知道怎么陪伴和指导孩子阅读	6.3	4.7

表7　不同性别被调查者的阅读内容

单位：%

内容	女	男
文学/艺术	44.3	48.4
童书/绘本	48.8	38.5
生活/休闲	33.1	31.1
婚恋/情感	6.8	4.6
励志/职场	17.0	17.7
社会/历史	30.3	41.2
经济/理财	7.1	11.0
科技/网络	8.2	15.8
思政/品德	18.0	22.0
教辅/工具书	16.1	15.4
其他	2.2	2.7

3.女性热衷"线上共读",通过阅读提升自我

是否愿意参加读书会等活动? 调查结果显示,希望参加"线上

共读计划"和"亲子教育等读书心得分享"的被调查者占比位居前二，分别为 34.6% 和 34.4%；希望参加"线下读者见面会或朗读会"的被调查者占比为 22.2%（见图 14）。

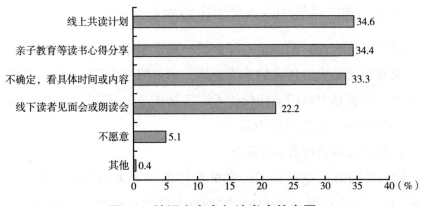

图 14　被调查者参加读书会的意愿

被调查者参加读书会的目的按选择比例从高到低排序依次为"扩大知识面、知识交流"（82.7%）、"提升内涵、修养"（73.1%）、"充实生活"（66.1%）、"提升生活品质"（60.4%）、"社交、交友"（52.6%）、"增加谈资"（23.5%）、"其他"（0.8%）（见图 15）。

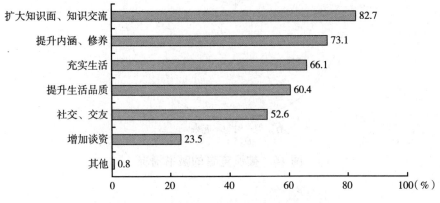

图 15　被调查者参加读书会的目的

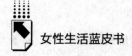

对于女性来说，阅读不仅成为一种生活风尚，也成为一种社交方式，女性希望通过阅读找到三观合拍、精神匹配或者有同样诉求的人，她们常参加以子女教育为主题的读书会。

（三）通过家庭阅读实现家风传承

对于个体来说，阅读是一种习惯；对于家庭来说，阅读是一种风气。家庭阅读是家风传承的重要载体，家庭阅读史反映着家庭的精神成长史。不管是书香门第代代传承，还是从今天开启家庭阅读，都在为"书香中国"建设增添力量。

1. 超八成被调查者家有藏书

81.1%的被调查者表示，家里有要保存下来的藏书，无论怎么"断舍离"都会保留。20.6%的被调查者能够记得书名，但60.5%的被调查者表示"有，但一时想不起来"（见图16）。

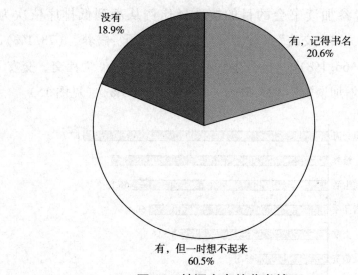

图16 被调查者的藏书情况

进一步分析发现，随着被调查者受教育程度的提高，有藏书的比例呈上升趋势（见表8）。

表8　不同受教育程度被调查者的藏书情况

单位：%

藏书情况	小学及以下	初中	高中/中专/技校/职高	大学专科	大学本科	研究生
有	10.2	12.0	22.2	22.9	24.7	24.7
有,但一时想不起来	58.5	60.5	60.4	62.2	59.2	61.2
没有	31.3	27.5	17.4	14.9	16.1	14.1
合计	100	100	100	100	100	100

被调查者列出的家庭藏书清单多达千余本，包括《共产党宣言》《百科全书》《平凡的世界》《百年孤独》《曾国藩家书》《家常菜谱》等，每本书背后都有一段家庭故事，构成了一个个家庭的阅读史。

被调查者藏书的原因按选择比例从高到低排序依次为"内容特别好，有收藏价值"（58.9%）、"对自己及家庭有特殊意义"（33.2%）、"曾在特殊人生阶段给予自己精神力量"（27.1%）、"家里传承"（17.5%）、"特殊人赠予"（14.7%）、"市面上不再发行的珍藏版"（5.3%）、"其他"（3.8%）（见图17）。

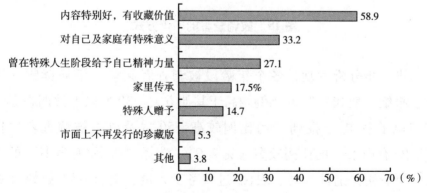

图17　被调查者藏书的原因

2.超半数被调查者依然偏爱纸质墨香

在阅读方式上，54.4%的被调查者选择了"纸质读物（图书、报纸、期刊）"，他们依然钟情纸质墨香（见图18）；29.9%的被调查者选择了"电子书/电子报刊"，以年轻人居多。还有13.0%的被调查者选择了"听书/有声书"，其中多为退休老人和全职妈妈。被访的一位全职妈妈说，从早到晚，边听书边干家务已经成为她的生活日常。

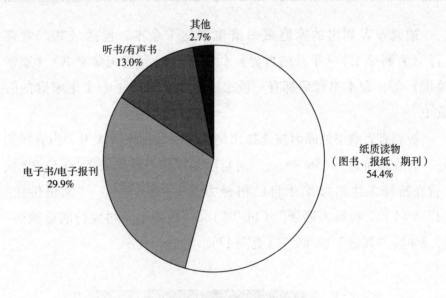

图18　被调查者的阅读方式

进一步分析发现，各个年龄段被调查者阅读"纸质读物（图书、报纸、期刊）"的比例均高于其他方式。30岁以下被调查者阅读"电子书/电子报刊"的比例较高。50岁及以上被调查者选择"听书/有声书"的比例较高（见表9）。选择"听书/有声书"的三大人群分别是退休人员、农民/进城务工人员、全职主妇/妈妈（见表10）。

表9　不同年龄段被调查者的阅读方式

单位：%

方式	24岁及以下	25~29岁	30~34岁	35~39岁	40~44岁	45~49岁	50~54岁	55~59岁	60~64岁	65岁及以上
纸质读物（图书、报纸、期刊）	46.2	45.0	61.2	68.9	56.2	49.3	47.4	47.8	50.4	57.6
电子书/电子报刊	43.5	43.0	25.3	17.6	28.4	32.6	32.1	30.0	23.6	27.1
听书/有声书	8.8	9.5	12.2	12.2	12.8	13.0	17.4	16.9	18.9	15.3
其他	1.5	2.6	1.3	1.3	2.6	5.1	3.2	5.3	7.1	0.0

表10　不同职业被调查者的阅读方式

单位：%

方式	党政机关及群团组织	事业单位	国有及集体企业	外企合资企业	私企/中小微企业	个体/自主创业/自由职业	全职主妇/妈妈	农民/进城务工人员	在校读书	退休人员	其他
纸质读物（图书、报纸、期刊）	57.3	58.3	53.4	91.2	55.4	52.5	54.2	48.9	47.3	49.5	54.7
电子书/电子报刊	30.2	29.3	37.0	5.9	27.5	32.4	26.2	29.1	43.2	31.2	28.6
听书/有声书	11.2	11.3	8.0	2.9	14.7	13.8	16.2	16.4	8.1	18.8	11.8
其他	1.3	1.1	1.7	0.0	2.5	1.3	3.4	5.6	1.4	0.5	4.8

被调查者对阅读纸质读物（图书、报纸、期刊）的正面看法按选择比例从高到低排序依次是"适合精读、深度阅读"（39.7%）、"内容权威性高"（33.0%）、"阅读更方便、更舒适"（31.3%）、"海量信息经过筛选，使阅读更有效率"（27.0%）、"有纸张的触摸感，阅读更亲切"（25.5%）和"不用电源，可以随时随地翻阅"（18.2%）。

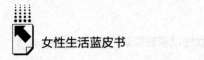

同时，16.1%的被调查者表示"关键看内容，方式不重要"。少数被调查者认为纸质读物（图书、报纸、期刊）存在问题，如"携带不方便、占地、不环保""费眼睛，容易眼疲劳、近视"（见图19）。

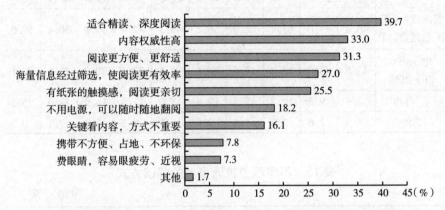

图19 被调查者对阅读纸质读物（图书、报纸、期刊）的看法

3.超八成家庭买书/订报刊

2022年，80.8%的被调查者有买书/订报刊支出，19.2%表示"没有买/订阅"。在买书/订报刊支出方面，73.5%的被调查者表示在1000元以下（见图20）。

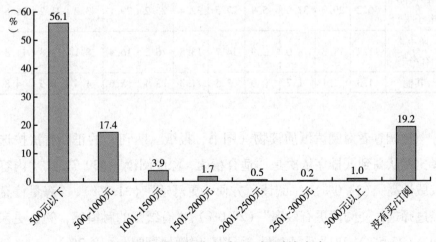

图20 被调查者买书/订报刊的支出

　　进一步分析发现，东部地区、中部地区被调查者买书/订报刊的比例相对较高，分别为 89.7% 和 88.6%，支出金额也更高（见表11）。随着被调查者受教育程度的提高，买书/订报刊的比例不断上升（见表12）。

表11　不同地区被调查者买书/订报刊的支出

单位：%

支出	东部地区	中部地区	西部地区	东北地区
500 元以下	53.3	57.9	55.6	58.7
500~1000 元	24.1	21.6	13.1	15.6
1001~1500 元	6.5	5.2	2.4	2.8
1501~2000 元	3.2	2.2	1.1	0.8
2001~2500 元	1.0	0.4	0.3	0.3
2501~3000 元	0.4	0.3	0.1	0.0
3000 元以上	1.2	1.0	0.9	2.3
没有买/订阅	10.3	11.4	26.5	19.5
合计	100	100	100	100

表12　不同受教育程度被调查者买书/订报刊的支出

单位：%

支出	小学及以下	初中	高中/中专/技校/职高	大学专科	大学本科	研究生
500 元以下	50.6	54.6	59.5	59.5	55.2	38.0
500~1000 元	3.8	3.8	13.3	20.8	25.8	36.3
1001~1500 元	1.1	1.3	1.3	4.0	6.6	9.4
1501~2000 元	0.4	0.4	0.5	1.9	3.1	3.5
2001~2500 元	0.0	0.1	0.4	0.4	0.7	1.8
2501~3000 元	0.0	0.0	0.1	0.1	0.4	1.2
3000 元以上	3.0	0.1	0.5	0.8	1.3	7.6
没有买/订阅	41.1	39.7	24.4	12.5	6.9	2.2
合计	100	100	100	100	100	100

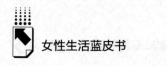

三 本次调查中发现的问题及期待

1. 家门口的阅读场所还是"少"，期待更多社区图书馆

缺少家门口的阅读场所成为最大的障碍。被调查者在家庭阅读方面遇到的问题按选择比例从高到低排序依次是"家附近缺少阅读场所"（40.4%）、"太忙，没时间阅读"（39.6%）、"容易被短视频等干扰、分散注意力"（26.4%）、"缺乏毅力、难以坚持"（21.7%）、"阅读品种太多，无从选择"（18.4%）、"书刊价格高"（10.3%）、"家里没有阅读氛围"（7.4%）、"没有阅读兴趣、阅读习惯"（4.8%）、"其他"（1.8%）（见图21）。期待有更多的社区图书馆，让可感可及的阅读服务惠及更多家庭。

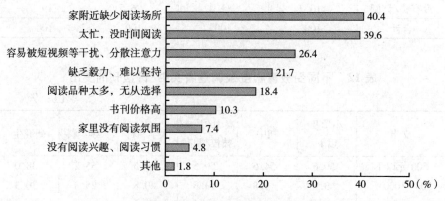

图21 被调查者在家庭阅读方面遇到的问题

2. 家庭书单有点"旧"，期待增加更多精品新书

关于家庭藏书与阅读书目的调查显示，家庭阅读的主要书籍还是以传统名著或者当代经典文学为主，新书偏少，家庭书单比较"旧"，更多反映新时代思想的一些读物也应该补充到家庭书单中，让孩子不仅能从经典书目中汲取精神力量，也能阅读立足当下的新时代精品图书，从而了解身处的时代。

家庭阅读新书较少的原因之一是被调查者大多认为传统经典书目经过时间检验，不需要自己筛选，可以放心阅读。所以，笔者一方面期待涌现更多创作者的新作品，另一方面期待更好的阅读指导服务，如推选"读书推广人"等，提升家庭的阅读筛选能力，从而更新家庭书单，扩大阅读面。

3. 短视频等冲击很"大"，期待父母以身作则

调查反映，96.6%的家庭有阅读习惯，但近半数家庭的年阅读量不到 10 本书。从家庭年阅读量来看，10 本以下占比最高，为44.1%；10~19 本位居第二，占 23.8%；20~29 本的位居第三，占10.2%。家庭年阅读量为 30 本及以上的被调查者占比相对较低，为18.5%（见图 22）。

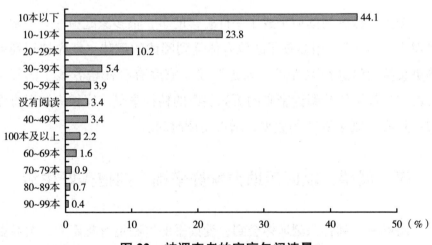

图 22　被调查者的家庭年阅读量

进一步分析发现，东部地区、中部地区被调查者选择 10~29 本的比例相对较高，而西部地区和东北地区被调查者选择"10 本以下"和"没有阅读"的比例相对较高（见表 13）。

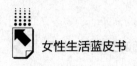

表 13　不同地区被调查者的家庭年阅读量

单位：%

阅读量	东部地区	中部地区	西部地区	东北地区
10 本以下	38.8	34.9	51.3	42.4
10~19 本	26.0	26.2	22.2	20.3
20~29 本	12.3	12.7	8.1	10.8
30~39 本	7.3	7.1	3.8	5.0
40~49 本	4.0	4.1	2.5	5.3
50~59 本	4.1	4.1	3.4	6.3
60~69 本	1.1	1.8	1.8	1.0
70~79 本	0.8	1.5	0.6	0.8
80~89 本	0.8	0.9	0.5	0.5
90~99 本	0.1	0.3	0.6	0.3
100 本及以上	3.2	2.8	1.5	2.5
没有阅读	1.5	3.6	3.6	4.8
合计	100	100	100	100

今天，深度阅读似乎成了一件奢侈的事，很多家庭中一人一部手机埋头"刷屏"，很多孩子还没有体会到阅读的趣味，就先被短视频等更直接的信息获取方式"勾走"了。家庭有责任培养孩子的阅读习惯，让孩子体验阅读带来的更高层次的精神享受。家长应该以身作则，降低"刷手机"的频率，增加阅读时间。

四　展望：以阅读助力家庭幸福，拥抱美好生活

调查中，笔者深刻地体会到，爱读书的家庭更有凝聚力，关系更紧密，精神上更有一致性，更能创造幸福和感知幸福。

每一种阅读角色，都会让人们从读书中收获良多，家长应积极营造阅读环境，与孩子共享阅读时间，让家庭"以书香为径，抵达幸福"。

家庭阅读对于成年人来说是一种精神生活，对于孩子来说是培植内心力量的精神土壤。阅读不仅在于知识的补充，更是形成健康心性、美好情趣、高雅审美以及向内寻找生命意义的一种重要方式。家庭阅读是一种生活状态，"浅尝辄止"也好，沉浸其中也罢，都会带给人们幸福感。

家庭阅读以家之名，是整个社会的大事，是推进家庭家教家风建设、深化全民阅读活动的有效载体。希望相关部门能强化阅读指导服务，让阅读惠及更多家庭，争取公共服务项目，链接社会资源力量，推动传统阅读与数字阅读相结合，促进家庭、学校、社会的协同，让亲子阅读在更多家庭落地生根，为推进中国式现代化奠定人才基础、增强精神力量。

B.5
关于广东中山、顺德"妈妈岗"
有关情况的调研报告

中国妇女杂志社青年理论学习小组*

摘　要： "三孩"生育政策实施后，为帮助女性平衡工作与家庭，广东中山、顺德两地妇联响应政策号召，联合企业为育儿妇女设置了"妈妈岗"弹性工作制度，帮妈妈们减轻经济负担，解决育儿和工作无法平衡的难题。2022年4~6月，中国妇女杂志社青年理论学习小组通过问卷调查、线上访谈等形式，针对中山、顺德两地"妈妈岗"项目开展情况进行了调研。结果显示，"妈妈岗"不仅有助于生育后妇女重返岗位或实现再就业，助力其兼顾工作和育儿，而且能盘活富余劳动力，缓解企业"用工难"困境，实现妇女、企业双赢。

关键词： "妈妈岗"　妇女就业　弹性工作制　育儿政策

《中国妇女发展纲要（2021—2030年）》指出，要为女性生育后的职业发展创造有利条件，为女性生育后回归岗位或再就业提供支

---

* 调研组组长：刘萍，编审，中国妇女杂志社副总编辑兼全媒体中心主任，《婚姻与家庭》杂志总编辑，中国婚姻家庭研究会副秘书长。主要执笔人：杨学娟，中国妇女杂志社总编室副主任，中国妇女研究会理事；陈晨，中国妇女杂志编辑、记者。调研组成员：王梓蓉、申敏夏、张明明。

持。国务院印发的《"十四五"就业促进规划》明确，鼓励用人单位制定有利于职工平衡工作和家庭关系的措施，依法协商确定有利于照顾婴幼儿的灵活休假和弹性工作方式。

"三孩"生育政策实施后，为帮助女性平衡工作与家庭，广东中山、顺德两地妇联响应政策号召，联合企业为育儿妇女设置了"妈妈岗"。"妈妈岗"即企业为妈妈员工特设的岗位，实行弹性工作制度，可随时请假，请假耽误的工作时长在当天其他时段补齐即可。这是一项为家庭托底、提振生育信心、探索创建生育友好型社会的新举措。妈妈们不用再为照顾孩子与工作时间冲突而为难，家庭与工作得以基本兼顾。

2022年4~6月，中国妇女杂志社青年理论学习小组通过问卷调查、线上访谈等形式，针对中山、顺德两地"妈妈岗"项目开展情况进行了调研。共回收面向"妈妈岗"女工的电子问卷466份，其中中山市261份、佛山市顺德区205份。分别与两地设有"妈妈岗"的中山涛美远东日用制品有限公司、佛山市泰禾家装饰设计有限公司等6家企业的负责人、8位"妈妈岗"女员工代表，以及中山市南头镇、三乡镇和佛山市顺德区的妇联干部开展线上访谈17次。

调研结果显示，"妈妈岗"不仅有助于生育后妇女重返岗位或实现再就业，助力其兼顾工作和育儿，而且能盘活富余劳动力，缓解企业"用工难"困境，实现妇女、企业双赢。但此次调研也发现了一些问题，包括需进一步提高"妈妈岗"收入水平、社会知晓度，增加岗位类型，拓展晋升空间，完善配套托育场所，增强权益保障等。

一　基本情况

广东省中山市妇联于2021年5月、佛山市顺德区妇联于2021年10月先后探索开展"妈妈岗"项目。两地均推出"妈妈岗"女性灵活就业公益服务微信小程序，搭建了求职"宝妈"和企业双向对接的平台，共发布6000余个"妈妈岗"弹性工作岗位，帮助2500多名女性就业，覆盖270多家企业，主要分布在服务、制造、金融保险、电子商务等行业。2022年1月以来，两地推出多期"妈妈岗"专场招聘会暨重点群体网络招聘活动，提供"一对一"就业指导服务，持续开展技能培训，完善线上、线下联动的"全链条"服务。

注重完善制度机制。中山市政府将推广"妈妈岗"工作纳入稳经济一揽子政策措施实施方案，并出台《关于大力推行"妈妈岗"就业新模式的若干措施》，提出8方面18项支持内容。中山市妇联联合市人社局印发《关于做好灵活用工管理服务工作的通知》，联合律师事务所编写"妈妈岗"法律合规指引。中山市人社局等有关部门依法开展监督检查，督促企业落实劳动保障法律法规，做到三个"不能少"、一个"自愿"，即：劳动合同必须签，必备条款不能少；社会保险必须参，休息休假不能少；工资必须按时发，应得金额不能少；工作制度虽弹性，加班加点需自愿。

在被调查女性中，九成以上（92.1%）与企业签订了合同，其中八成以上（81.8%）签订了固定期限合同，9.2%签订了无固定期限合同，1.1%签订了非全日制用工合同（见图1）。参与访谈的企业和女员工均表示，企业为"妈妈岗"女员工缴纳社会保险或商业保险，"妈妈岗"女员工与其他员工同工、同酬、同福利。

广泛宣讲，发动企业参与。中山市、佛山市顺德区两地妇联干部多次进入企业宣讲、推广"妈妈岗"。2022年初，中山市三乡镇妇联联合镇人社分局、镇总工会启动"金凤展翅"妇女灵活就业计划，完善企业"妈妈岗"就业服务。镇妇联主席吴惠漳到企业宣传"妈妈岗"，部分企业因存在用工缺口，开设了"妈妈岗"。中山市南头镇妇联逐一筛选、走访企业，并利用当地"商会妇联"优势，发动女企业家开设"妈妈岗"。

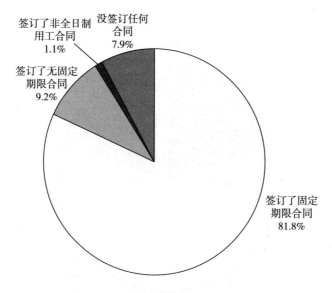

图 1 被调查女性签订合同情况

培训"宝妈",提升就业能力。中山市妇联聘请 30 名创业女能手成立"巾帼创业导师团",培训 5000 余名"宝妈",以提升她们的创业就业能力。佛山市顺德区妇联推出"一对一"就业指导服务,开展覆盖 10 个镇街的"凤凰学堂"技能培训,为 800 多名"宝妈"提供咨询等服务,专人"一对一"跟进并深度服务 68 人,开展电商、育婴等技能培训 50 多场,惠及 1500 多名"宝妈"。

二 作用与成效

(一)提振生育信心,为女性生育后职业发展创造有利条件

调研显示,八成左右被调查女性个人(79.2%)和家人(80.3%)都对"妈妈岗"表示"非常满意"或"满意"(见图 2)。对于生育后妇女,"妈妈岗"的积极作用体现在如下几个方面。

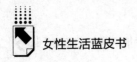
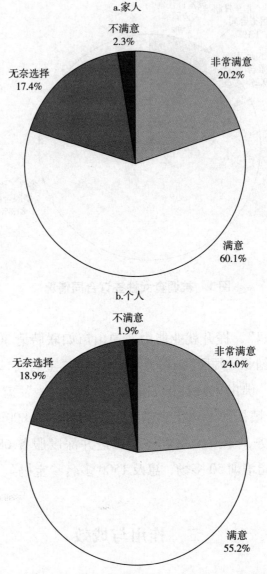

a.家人

不满意
2.3%

非常满意
20.2%

无奈选择
17.4%

满意
60.1%

b.个人

不满意
1.9%

非常满意
24.0%

无奈选择
18.9%

满意
55.2%

图2 被调查女性个人和家人对"妈妈岗"的满意度

1. 提供就业机会，回应就业期待

中山、顺德两地"妈妈岗"被调查女性中，近七成（69.3%）年龄在 30~44 岁，处于青壮年阶段。拥有高中（中专）以上学历的

占64.0%，其中本科及以上学历占21.3%。部分育儿妇女积累了从业经验，就业意愿强，是潜在的劳动力。"妈妈岗"既回应了生育后妇女的就业期待，也盘活了富余劳动力。

2. 工时弹性灵活，兼顾工作育儿

被调查女性半数为"二孩妈"。她们承担照看孩子的主要责任，超1/3（35.2%）表示孩子"自己带，没人帮忙"，丈夫协助育儿的只占两成多（25.8%）。此外，有51.1%是家中老人协助育儿（见图3）。超五成（53.9%）被调查女性认为重返职场最大的困难是没人帮忙带孩子，一时无法出来工作（见图4）。

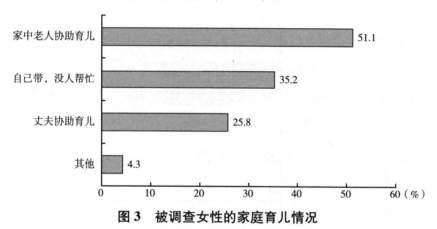

图3 被调查女性的家庭育儿情况

图4 被调查女性重返职场遇到的困难

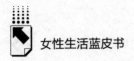

可见，部分生育后妇女虽然就业意愿强，但因照顾家庭，无法实现常规就业。考勤灵活、方便兼顾家庭的"妈妈岗"，帮她们解决了难题。

被调查女性之所以选择"妈妈岗"，主要有以下原因。超七成（72.1%）认为工作时间弹性灵活，能兼顾家庭；超四成（45.1%）认为工作地点离家近，上下班方便。此外，42.5%的被调查女性认为有稳定收入，能缓解经济压力；39.5%的被调查女性认为工作环境宽松、包容，能够理解"妈妈"不易；27.5%的被调查女性认为工作强度合适，还能学习技能（见图5）。

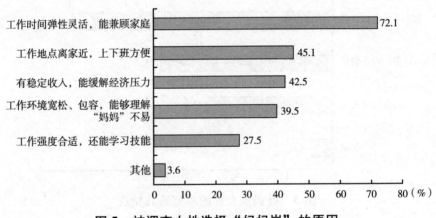

图5 被调查女性选择"妈妈岗"的原因

3.为"宝妈"增收，给家庭"减负"

被调查的"妈妈岗"员工中，有一半月收入为2000~4000元。此外，月收入4001~6000元的占20.8%，月收入6000元以上的占11.2%（见图6）。

"妈妈岗"女工蒋桂香是单亲妈妈，有两个女儿，大的上初三，小的刚上幼儿园。蒋桂香父母在外地且身体不好，无人帮助育儿，她辞去公司文员工作，全职带孩子，几乎无收入。2022年4月初，她

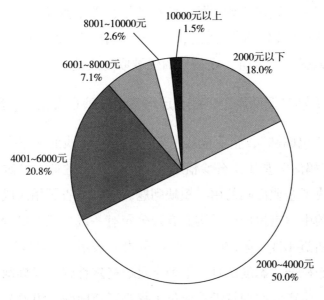

图6 "妈妈岗"员工月收入

进入兴隆制衣厂针车车间的"妈妈岗"上班，工资为"底薪+绩效"，保底1800元。过了试用期成为正式员工后，月收入可达6000~9000元。蒋桂香说，"妈妈岗"对于她来说，是"雪中送炭"。

4.实现职业理想，找到人生价值

访谈中，多名"妈妈岗"员工表示，曾因育儿不得不中断职业生涯，感到十分遗憾。"妈妈岗"为她们提供了重拾职业理想的机会。

"妈妈岗"员工李学梅曾经是民办小学数学老师，"二宝"出生后不得不全职在家带孩子。如今她在中山莱客咖啡有限公司做线上销售，同时在公司"咖啡体验馆"为顾客讲授咖啡知识、进行冲调培训，这让她找回了当初在讲台上的成就感。由于能力强、口才好，她的收入超过此前的工作。

佛山市泰禾家装饰设计有限公司"妈妈岗"员工周玮是位单亲妈妈。原本能力出色的她，曾为育儿辞去工作，然而随后的全职主妇生活让她十分苦闷。离婚时为争取孩子的抚养权，她匆忙寻求岗位，

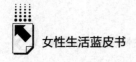

到外企做了人力资源主管。外企管理严格，无法兼顾育儿，她又不得不离职。从事"妈妈岗"之后，她不仅胜任了工作，还承担招聘和管理"妈妈岗"的任务，在擅长的领域取得成绩。

（二）推广灵活用工，在一定程度上缓解企业招工、用工难题

设置"妈妈岗"，企业也从中受益。接受访谈的多家企业负责人表示，"妈妈岗"员工十分珍惜工作机会，流动性低，忠诚度和归属感强，解决了企业面临的用工短缺问题，同时节省了用人成本。

受访的中山市悦辰电子实业有限公司有一线员工1100人，"妈妈岗"员工占近1/4，有230人。企业负责人表示，"妈妈岗"员工更加珍惜工作机会，态度认真、干劲十足、稳定性强。安排她们在核心车间工作，生产效率相较于普通员工提高了20.0%～50.0%。

中山涛美远东日用制品有限公司负责人表示，采用弹性工时并未对效率、产能等产生影响，虽然人事管理难度略有增加，但如果招不到工，企业将不得不把产品外发、委托加工，其成本是设立"妈妈岗"的3倍以上。而且，"妈妈岗"员工责任心强，产品合格率达98.0%。

佛山市泰禾家装饰设计有限公司负责人认为，"妈妈岗"的员工相对务实、踏实，是靠谱的员工，并且"妈妈岗"员工普遍抗压能力较强，能够相互理解和支持，有利于企业形成良好的文化氛围并创造业绩。

三　存在的问题

针对"妈妈岗"，被调查女性认为还有改进空间。调研组总结了"妈妈岗"当前面临的3个主要问题。

（一）受经济环境、行业特点限制，推广有难度

目前，"妈妈岗"只适用于特定行业的部分企业。受经济环境影响，部分企业的"妈妈岗"并不持续、稳定。妇联工作人员表示："以前企业订单多，用工紧张，催生了对'妈妈岗'的需求，但后来一些企业订单量下降，对'妈妈岗'的需求也下降了。"

部分企业考勤严格，存在一定技术门槛，对流水线工序要求高，"妈妈岗"不能满足生产需求。有的外资及合资企业管理严格规范，很难推行"妈妈岗"。还有部分行业，如橡胶制造，在生产过程中会产生较大刺激性气味，大部分求职女性不愿从事相关工作。

部分企业对设置"妈妈岗"存在顾虑。根据中山市妇联提供的统计数据，在未设置"妈妈岗"的受访企业中，有的没有且不考虑设置"妈妈岗"（50.0%），有的愿意考虑但无计划（30.0%）。在限制企业设置"妈妈岗"的原因中，有的企业认为弹性工作制增加人工成本，不利于企业效益（60.0%）；有的企业认为弹性工作制加大了管理难度（20.0%）。

（二）"妈妈岗"配套制度尚不完善

作为新兴的就业形式，"妈妈岗"相应配套制度还未完善。访谈过程中，多位妇联工作人员提到，想在社区开设来料加工形式的"妈妈岗"，让妈妈们在家门口就业，但合同如何签订、保险谁来缴纳都是问题。也有企业负责人提出，虽然给"妈妈岗"女员工缴纳了社会保险，但工作期间女员工往返于家庭和单位，路上如果发生意外，是否算工伤、谁来赔偿、如何划分责任，这方面法律法规和政策尚未明确。

此外，有27.0%的受访女工希望企业建立哺乳间、托儿所等，

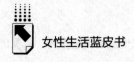

构建儿童友好的工作环境。在受访的 6 家企业中，只有中山伟立纺织品有限公司因女员工人数多设立了托育场所。多位企业负责人表示，如果企业建立托育场所，那么其资质、安全责任等都是必须面对的问题，也需要有法律法规和政策支持。

（三）收入有待提高，岗位类型少、晋升空间小

调研组发现，"妈妈岗"多集中于劳动密集型、技术门槛较低的初级岗位，类型较单一，缺乏针对高学历、具备专业技能的女性开设的岗位。部分企业仅在生产旺季、用工需求"暴涨"期间招聘"妈妈岗"员工，不利于员工长期发展。

参与调查的"妈妈岗"员工中，超半数（58.2%）认为收入较低，工资待遇应提高；超半数（57.1%）认为可选岗位类型少，应进一步开发涉及多个行业、专业的"妈妈岗"；近 1/3（28.8%）认为没有晋升空间，多集中在基层岗位，不利于职场发展（见图 7）。

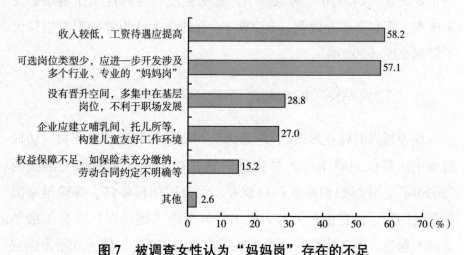

图 7　被调查女性认为"妈妈岗"存在的不足

调研还发现，被调查女性对"妈妈岗"的从业意愿有待提高。35.4%认为"妈妈岗"只是阶段性选择，等孩子长大，会找更好的

工作；28.5%表示"不确定"；只有30.7%明确表示"妈妈岗"是长期选择，会一直在目前的岗位工作（见图8）。其中，40岁以上被调查女性长期选择"妈妈岗"的意愿相对较高。

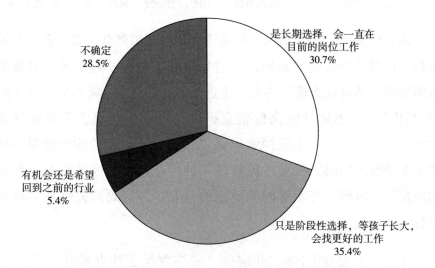

图8 被调查女性对"妈妈岗"的从业意愿

四 对策建议

长远来看，设置并推广"妈妈岗"不仅为女性生育后的职业发展创造了有利条件，为她们再就业提供了支持，而且缓解了企业用工难、用工荒问题，有利于营造生育友好型、儿童友好型社会。综合收集的信息，针对当前设置和推广"妈妈岗"的现实问题，调研组提出以下对策建议。

（一）全社会要合力加强女职工权益保障

建议人社、市场监管、司法、工会等部门共同努力，及时回应女性生育后就业的现实关切与诉求，帮助灵活就业群体解决合同签订、

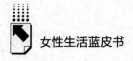

社保缴纳、幼儿托育等难点痛点问题。发动社会力量关心支持生育后妇女就业，切实保护她们在劳动和社会保障方面的权益。

（二）妇联组织要加大推广力度，拓展"妈妈岗"行业范围

调研中发现，妇联组织一般采用宣讲会、招聘会、微信公众号发布相关信息等形式对"妈妈岗"进行宣传，虽有一定效果，但覆盖范围有限。建议加大推广力度，走进社区，让更多有需求的女性了解"妈妈岗"，获悉适合的岗位信息；走进企业，鼓励更多企业设置"妈妈岗"，介绍先行企业探索设置"妈妈岗"取得的积极效果，打消企业顾虑。同时，扩大"妈妈岗"的行业范围，吸纳新业态领域的短视频、电商、外卖等时间灵活的行业，为妈妈们提供更多就业机会。

（三）企业要加强职业培训，关注女员工职业成长

对于"妈妈岗"员工，建议企业设置不同的职位等级，在方便管理的同时提升员工积极性，让员工有职业期待。建议加强对生育后妇女的职业培训，有针对性地举办职业技能提升培训班，提高她们的职业技能。重视发挥"妈妈岗"员工的能力专长和经验优势，让她们与企业共同成长、共享发展成果。

（四）女性自身要注重自我提升，增强就业能力

女性生育后进入人生新阶段，在关注家庭的同时更要注重自我提升。建议女性自身及时调整职业发展规划，积极参加职业技能培训，掌握新知识，增强新技能，提升就业能力和素质，立足岗位建功立业。同时，要增强法律意识和自我保护意识，善于运用法律武器、借助各方力量维护劳动权益。

B.6
服务"四新"女性，
助力"卡姐"发展

——货运行业女性从业者（女性卡车司机及"卡嫂"）
帮扶需求前期调研报告

中国妇女发展基金会青年理论学习小组*

摘　要： 通过收集调查问卷及个案访谈的形式，调研组对公路货运业女性群体中的女性卡车司机及"卡嫂"的工作生活状况进行调研，分析并归纳目前该群体最突出的五大需求——行车体验、健康安全、亲子家庭、职业发展、人际社交，并根据五大需求，从"健康及舒适""安全及保护""亲子及家庭关系""职业技能""个人发展"五个方面提出帮扶建议。

关键词： 公路货运业　女性卡车司机　"卡嫂"

一　调研背景

习近平总书记强调，要积极引导新经济组织、新社会组织、新媒

---

* 调研组组长：董葵，中国妇女发展基金会秘书长。副组长：李彩云，中国妇女发展基金会秘书长助理。主要执笔人：刘珂，中国妇女发展基金会家庭工作部高级主管，主要研究方向为妇女及家庭公益项目管理及实施；王素英，中国妇女发展基金会家庭工作部主管，主要研究方向为妇女及家庭公益项目管理及实施。调研组成员：阚婷婷、刘珂、王素英。

体行业以及活跃在网络空间、虚拟社会中的女性,使她们融入以妇联为主导的组织体系中①。要注重家庭、注重家教、注重家风,认真研究家庭领域出现的新情况新问题,把推进家庭工作作为一项长期任务抓实抓好②。贯彻习近平总书记重要论述精神,服务"四新"领域女性发展成为全国妇联工作的重要任务。

公路货运业是我国综合交通运输体系的重要组成部分,是促进国民经济发展的重要基础性服务业。改革开放以来,随着基础设施建设不断完善,公路货运业经历了飞速发展,载货汽车数量、吨位、货物运输量等一直维持在较高水平。交通运输部 2021 年数据显示,我国约有 1728 万名卡车司机,完成了全社会 74.0%的货运量和31.0%的周转量,为支撑经济社会发展、保障和改善民生做出了重要贡献。

在蓬勃发展的公路货运业中,有一道非常靓丽的风景线——女性从业者。《中国卡车司机调查报告 No. 1》数据显示,我国 95.8%的卡车司机为男性,其已婚比例为 89.5%,妻子跟车的比例为21.4%。按照 1728 万名卡车司机的总量进行估算,我国的"卡嫂"③群体约有1481 万人,跟车"卡嫂"约有 317 万人。根据历年来关于卡车司机群体的问卷调查,我国女性卡车司机占比在 0.8%~5.0%,约有 14 万~86 万人。此外,还有大量女性活跃在公路货运业的其他岗位。为方便表述,本报告将女性卡车司机及"卡嫂"统称为"卡姐"。

---

① 《习近平:以改革创新精神加强和改进妇联组织自身建设》,"中国妇女报"百家号,2023 年 12 月 16 日,https://baijiahao.baidu.com/s? id = 178539398236909135 5&wfr = spider&for = pc。

② 《推动家庭家教家风建设高质量发展》,光明网,2021 年 8 月 21 日,https://m. gmw. cn/baijia/2021-08/21/35098113. html。

③ 指丈夫为卡车司机的女性,下同。

"卡姐"群体是我国公路货运业从业群体的重要组成部分，她们在个人发展与家庭建设等方面存在多元需求。研究"卡姐"群体关注的"关键小事"，是对人民群众对家庭建设的新期盼新需求的回应，也是通过实施公益项目让广大妇女群众感受党和国家关爱的具体举措。

二 调研目标及方式

公路货运业女性从业者的岗位繁多，本次调研重点关注"卡姐"群体，通过了解她们在工作与生活方面的需求，为公益项目设计提供参考。

本次调研通过联系相关物流企业及卡车司机组织触达受众人群，采用调查问卷、线上/线下访谈相结合的方式，收集有效问卷841份，并与7名"卡姐"进行了"一对一"访谈。被调查者年龄主要分布在31~50岁，以初中学历居多，"二孩"家庭普遍（见图1）。

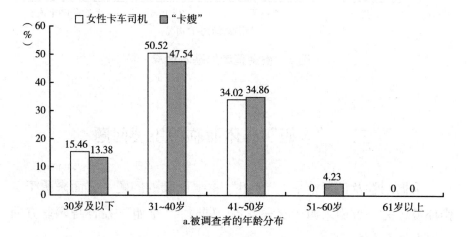

a.被调查者的年龄分布

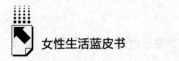

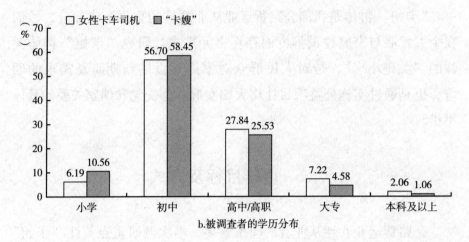

b.被调查者的学历分布

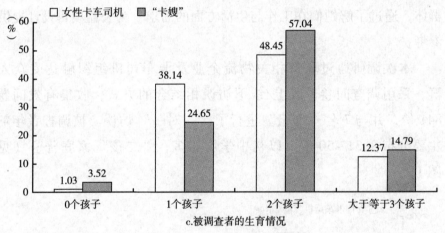

c.被调查者的生育情况

图1 被调查者的基本情况

三 "卡姐"群体面临的主要问题

根据问卷及访谈结果,"卡姐"主要面临的问题一方面来源于工作环境,另一方面来源于家庭关系。同时,"卡姐"在自身职业方面面临发展受限的问题。

1. 行车/跟车过程中遇到的困难

多数"卡姐"在访谈中均表示，在行车途中住宿、洗澡、如厕不方便，吃饭不规律。同时，由于工作性质，"卡姐"长期久坐，多数患有颈椎、腰椎等部位的职业病，且工作时间长、行车风险系数高。

女性卡车司机 WBQ："从南京到上海，每次出车 4 小时左右，一般半夜 12 点发车，早上 5 点到。忙的时候一天出车一趟，一般没有周末，经常加班。生理期的时候更加不方便了，我现在是单驾，自己开车，有时候就在车上拿个垃圾桶换一下。面临上厕所的问题，希望能在卡车上配备便携式马桶；也面临缺宿舍的问题，公司没有专门给女司机的住宿，因为女司机数量太少了。颈椎腰椎有问题，一般就自己运动一下，跳跳操，也没有别的办法。"

跟车"卡嫂"CNS："一日三餐吃得很不规律，车上没有放煤气灶，怕不安全。车上也没有热水，所以一般到取货地点或者服务站打热水吃泡面。"

跟车"卡嫂"HJ："我丈夫开车的时候我就休息，他睡觉的时候我不能睡。我的身体没有以前好了，因为吃饭睡觉都没有那么规律。有可能半夜起来加油什么的，再加上他开车我也睡不好。"

2. 家庭关系处理中遇到的困难

在问卷调研中，46.0%的女性卡车司机及 42.9%的"卡嫂"表示有家庭关系方面的困难。在"希望公益组织提供哪些公益服务"方面，分别有 47.83%的女性卡车司机和 50.62%的"卡嫂"提出对亲子关系专家讲座的需求（见图 2）。同时，在对"卡姐"的家庭情况进行调查时发现，由于长期在外，孩子普遍留守在家由老人照顾，或者送往寄宿学校，"卡姐"不能经常见到孩子，缺乏与孩子的沟通，担心孩子的学业、生活和心理健康。

跟车卡嫂 HJ："也不能光顾着（给丈夫）帮忙，孩子也很重要，也得顾上。先不说学习怎么样，孩子能在父母不在身边的时候健康地

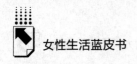

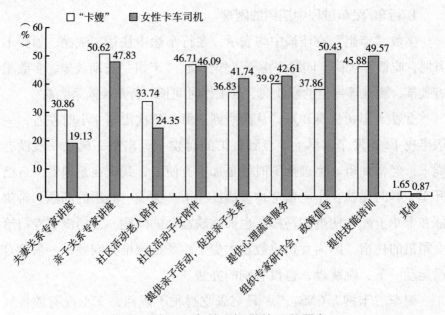

图2　被调查者希望提供的公益服务

长大，不要'学坏'，走上'正道'就行了。我也担心孩子和爸爸的沟通，我还能在暑假陪陪孩子，爸爸常年不在家。"

跟车卡嫂 CNS："和家里老人沟通会有些问题，他们年纪大了，我们有时候意见不一样。闹矛盾主要是关于小孩的教育问题，奶奶比较溺爱孩子。"

3. 职业发展中遇到的困难

通过访谈了解到，在公路货运行业中，女性卡车司机数量少，处于弱势地位，缺乏培训机会，她们希望能增加收入。同时，在调研问卷中，有49.57%的女性卡车司机希望公益组织可以提供技能培训。

四　"卡姐"群体的五大需求

通过本次调研，调研组总结出"卡姐"群体的五大需求。

（一）行车体验——提升行车生活便利性与舒适性

"卡姐"的日常工作与生活基本都在车上，吃饭、洗漱、休息都有很多不便，特别是如厕、洗澡等问题，比男性的不便程度更高。跟车"卡嫂"还要照顾丈夫，对于提升行车生活便利性与舒适性的需求十分迫切。

（二）健康安全——保障行车安全，增强身体健康意识，学习保健知识

长期开车和坐车对颈椎、腰椎的损耗很大，多数"卡姐"都有肩颈疼、腰疼的困扰，希望能够掌握一些正确的保健知识和技巧。同时，长期的行车生活使得"卡姐"吃饭不规律，或者经常用方便面等速食代替，导致营养摄入不充足、不均衡。此外，驾驶卡车具有较高的安全风险，如果运输线路路况复杂或赶上天气多变，风险程度则更高，且长期驾驶容易疲劳，安全驾驶问题也是"卡姐"非常关注的问题。

（三）亲子家庭——改善亲子关系，善于处理孩子成长问题

"卡姐"大多数都已做母亲，非常关注孩子的成长。由于长期奔波在外，她们与孩子处于分离状态，沟通少带来的教育压力非常大。孩子年龄偏小的"卡姐"无法参与孩子的上学接送、饮食起居、学业辅导等；孩子处于青春期的"卡姐"则更担心孩子的情绪和心理。促进亲子沟通、改善亲子关系，几乎是每个做母亲的"卡姐"的迫切需求。

（四）职业发展——提升就业技能，寻找创业机会，增加收入

卡车运输分为自雇和他雇两种形式。对于自雇来说，"卡姐"需

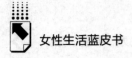

要自己寻找货源，收入忽高忽低，且经常是派单密集时十分繁忙、找不到货时则闲暇很久，因此自雇"卡姐"有提升找货技巧、就业技能的需求。而他雇"卡姐"也希望通过学习提升职业竞争力，获得更好的职业发展。同时，对于跟车"卡嫂"来说，跟车的经验、注意事项也非常重要。

（五）人际社交——扩大社交圈子

"卡姐"的社交圈子不大，日常交流都以家人为主。在调研过程中，女性卡车司机表示，卡车司机的交流群以男性为主，如果有专门的女性卡车司机群，就可以分享更多共同话题、交流感受、相互帮助。跟车"卡嫂"也表示，自己基本上没有社交圈子，希望可以和更多有相似生活背景的人交流。

五　调研结论及建议

根据梳理出的五大需求，结合妇联开展工作的优势和特点，调研组建议可以从"健康及舒适""安全及保护""亲子及家庭关系""职业技能""个人发展"五个方面为"卡姐"提供支持。具体建议如下。

（一）健康及舒适

建议进一步调研"卡姐"需求，并根据"卡姐"的不同需求开发物资包，为"卡姐"提供行车中常用的物资支持，如在行车过程中所需的相关专业工具以及与"卡姐"身体健康相关的生活用品。同时，建议定期开展心理健康咨询讲座活动，为"卡姐"提供专业心理咨询服务，减轻"卡姐"在工作及生活中的压力。

（二）安全及保护

建议为"卡姐"开展道路安全、行车安全、法律法规科普等相关讲座及培训活动，加强"卡姐"的安全及法律知识储备，提升"卡姐"的风险防控能力，助力"卡姐"行车安全。

（三）亲子及家庭关系

建议为"卡姐"开展家庭关系指导讲座、亲子活动等，为"卡姐"提供家庭教育指导，促进家庭关系的和谐发展，提升"卡姐"的家庭幸福感。

（四）职业技能

建议为"卡姐"提供职业技能培训活动，如卡车发动机保养、卡车常见故障维修、货车保险选择及理赔等职业相关技能课程，提升她们的专业技术水平和职业竞争力。

（五）个人发展

建议为"卡姐"开展女性职业规划、创业就业能力提升等讲座及相关主题活动，让有潜力的"卡姐"成为重点扶持对象，带动更多"卡姐"获得更好的发展。

六　具体解决方案

根据"健康及舒适""安全及保护""亲子及家庭关系""职业技能""个人发展"五大方面的建议，调研组将与行业专家、优质机构开展合作，为"卡姐"提供服务。

第一，联合知名卡友平台——"卡友地带"触达更多目标群体。一是对目标群体做进一步调研，根据"卡姐"的行车需求，分别从行车安全、行车健康、行车工具3个方面开发制作随车物资包，包括暖心包、关爱包、专业包等。通过设计有不同侧重点的随车物资包，为"卡姐"提供物资支持，提升她们在行车路上的便捷性及舒适度。二是挖掘有潜力的"卡姐"，通过线上培训进行赋能，培养项目带头人，带领更多"卡姐"共同发展和进步。三是开展线下亲子活动，促进"卡姐"家庭和谐，提升家庭幸福指数。

第二，联合湖北妇联、湖北妇女儿童发展基金会在现有物流园区建设"卡姐"之家，根据项目主题分别开展线上及线下培训，包括心理辅导、婚姻家庭关系处理、法律知识普及、女性职业规划、创业就业指导等内容，建立项目试点，为后续复制推广到其他地区提供样本及模板参考。

第三，联合多方资源，开发线上专业课程，让更多"卡姐"受益。针对"卡姐"最关心的问题，联合人民交通出版社、家庭教育专家开发行车安全、心理生理健康、家庭关系处理等方面的线上课程，并免费向"卡姐"群体开放。每年更新一次课程内容，提升课程内容的吸引力及丰富度，辐射更多目标群体。

第四，引入专家资源，搭建评估体系，制定评估指标，对项目实施情况进行评估。同时，积累项目数据，为推动相关项目的开展提供数据支持。

参考文献

传化慈善基金会公益研究院"中国卡车司机调研课题组"：《中国卡车司机调查报告 No.1》，社会科学文献出版社，2018。

传化慈善基金会公益研究院"中国卡车司机调研课题组"：《中国卡车司机调查报告 No. 2》，社会科学文献出版社，2018。

传化慈善基金会公益研究院"中国卡车司机调研课题组"：《中国卡车司机调查报告 No. 3》，社会科学文献出版社，2019。

Abstract

This book, consisting of one general report— "Strive to Make Women's Contribution in Building a Modern Socialist Country in All Respects—General Report on Chinese Women's State of Life in 2022", and five survey reports: 1. "The 17th Survey Report on the Life Quality of Chinese Urban Women in 2022" 2. "Survey Report on the Consumption of Chinese Urban Women and Households in 2022" 3. "Women Are Leading a Better Life Through Home Reading—Interpreting the Survey Data of 'the Reading Status of One Thousand Households in Ten Cities'" 4. "Survey Report on the Situation of 'Mother's Post' in Zhongshan and Shunde, Guangdong Province" 5. "Serving the Women in New Fields, New Business Formats, New Social Strata, and New Groups, and Helping Female Truck Drivers to Make New Development— Preliminary Survey Report on the Assistance Needs of Female Truck Drivers in the Freight Industry", demonstrates from different perspectives women's endeavors in the new journey led by the CPC, their extraordinary achievements in all walks of life, and their efforts in fully building a modern socialist country.

In 2022, the score of life satisfaction of urban women was 7.20 points. Specifically, the score of life happiness was 7.73 points, family life satisfaction was 7.65 points, physical and mental health satisfaction was 7.61 points, living environment satisfaction was 7.44 points, work satisfaction was 7.34 points, household income satisfaction was 6.47 points, and personal income satisfaction was 6.20 points. The survey shows that women have improved their political literacy, and by following the instructions and guidance of the CPC, they have been striving to make new development in a new journey; they have been devoted in active employment and entrepreneurship, and played a key role in economic and social development as "Half the Sky"; they have viewed family affairs as national affairs, and by taking care of children in accordance with the law, they have enhanced family education literacy; they have a better knowledge of legal policies and a strong awareness of the rule of law; they have actively participated in basic-level social governance by using online and offline platforms; with a stronger health awareness than before, they have paid close attention to the development of physical and mental health.

During 2022, the top three expenses of the surveyed women and households were: child bearing/raising/educating; house buying/renting/renovating; and medical treatment/health care/insurance. Tourism consumption had gradually recovered and the means of traveling had become diverse. As to the new trends in consumption, the top three were: spending carefully when shopping; online shopping/group buying; buying green and energy-saving appliances, environment-friendly furniture, etc. In terms of consumer investment, the surveyed women preferred low-risk products. Overall, healthy consumption was favored, green consumption was more environment-friendly, quality consumption could give them a better experience, brand consumption was more respected, online consumption was more convenient, and women had been more cautious in consumption investment.

In 2022, 96.6% of the households had reading habits; 81.8% had expenses on buying books/subscribing to newspapers and magazines; 18.4% read more than 30 books annually, and the activity of "Book Reading in Thousands of Families" was currently underway. Home was the first place to read, and reading at home, especially in the book room ranked first, accounting for 84.5%. Children and mothers became the "leading readers" of the family, cultivating a scholarly family style. As for home reading, 54.4% of respondents chose paper reading materials

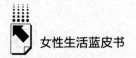

（books, newspapers, journals）, and over 80% of respondents stated that they had a collection of books at home. This survey shows that women play a unique role in cultivating reading habits and forming a scholarly family atmosphere.

After the implementation of the three-child policy, in order to help women balance work and family, the Women's Federations of Zhongshan and Shunde in Guangdong Province responded positively and jointly established a "Mother's Post" flexible work system for childcare women, helping mothers reduce their economic burden and solve the problem of imbalanced parenting and work. The research result on this project showed that "Mother's Post" not only helped women return to work and achieve reemployment after childbirth, helping them balance work and childcare, but also revitalized surplus labor force, alleviated the difficult employment situation of enterprises, and achieved a win-win situation for women and enterprises.

In 2022, in order to meet the work requirements of the All-China Women's Federation to serve the women in "Four New Areas" (new fields, new business formats, new social strata, and new groups), a survey was conducted on the working and living conditions of female truck drivers in the freight industry. It was found that the five most prominent needs of this group were: driving experience, health and safety, parent-child relationship, career development, and interpersonal communication. Based on these five major needs, relevant organizations had designed public welfare projects to empower women's development and families' building, so that the female truck transportation community could truly feel the care of the Party and the country; feel the warmth from women communities and public welfare organizations; enhance their sense of gain, happiness and security; promote family harmony and happiness; and push forward the harmonious development of the society.

Keywords: Women's Life Quality; Women and Household Consumption; Home Reading; Mother's Post; Female Truck Drivers

Contents

I General Report

Abstract: 2022 is an extremely important year in the history of the
Party and the country. The vast number of women, being dedicated to the
Party and forging ahead on a new journey, had made extraordinary
achievements in all walks of life, and contributed their strength to the
comprehensive construction of a modern socialist country. Women's
political ideology was constantly improving, and their sense of historical
responsibility and sense of ownership were further strengthened; their
awareness of the rule of law was constantly increasing, and they were more
proactive when participating in social governance; based on their positions,
they were active in employment and entrepreneurship, and became an
important force in promoting high-quality economic development; by

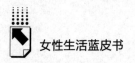

leading the trend in cultivating civilized family practices, they were playing an important role in the construction of family tradition through family education; they promoted green and healthy culture, and strove to create a happy and beautiful life. The report puts forward following suggestions: follow the guidance of Xi Jinping Thought on Socialism with Chinese Characteristics for a New Era and implement the decisions and arrangements of the CPC Central Committee on women's development; carry out thoroughly the basic national policy of gender equality, and continuously improve the institutional mechanisms for promoting gender equality and women's comprehensive development; support women to fully play the role of "Half the Sky", unite and lead women to make contributions in a new era and forge ahead on a new journey.

Keywords: Women's Life Quality; Women and Household Consumption; Family, Family Education and Tradition

Ⅱ　Women and Family Life Survey

B. 2　The 17th Survey Report on the Life Quality of Chinese Urban Women in 2022

Women of China Magazine;
Huakun Women's Life Survey Center / 016

Abstract: A survey on 32056 urban women showed that in 2022 the score for the overall satisfaction of urban women about their lives was 7. 20 points. Specifically, the score of life happiness was 7. 73 points, family life satisfaction was 7. 65 points, physical and mental health satisfaction was 7. 61 points, living environment satisfaction was 7. 44 points, work satisfaction was 7. 34 points, household income satisfaction was 6. 47

points, and personal income satisfaction is 6. 20 points. In 2022, the political literacy of the surveyed women had significantly improved, and by consciously listening to directions set by the Party and following its demand, they embarked on a new journey; by actively seeking employment and entrepreneurship, they demonstrated the role of "Half the Sky" in economic and social development; they promoted family affairs to national affairs, and enhanced family education literacy through "taking care of children in accordance with the law"; they had a better knowledge of legal policies and a strong awareness of the rule of law; they actively participated in basic-level social governance through online and offline platforms; they enhanced their health awareness and focused on the development of physical and mental health. This report suggests that more women be driven to participate in the process of Chinese path to modernization; a series of activities about women be carried out to facilitate the exploration of new forms of employment; family service models be innovated to respond to the new expectations of women and families in the new era; the protection of rights be enhanced at the source in order to promote the effective implementation of the Law on the Protection of Women's Rights and Interests.

Keywords: Urban Women; Life Quality; Family, Family Education and Tradition; Life Satisfaction

B. 3　Survey Report on the Consumption of Chinese Urban
　　　 Women and Households in 2022
　　　　　　　　 Huakun Women's Consumption Guidance Center / 073

Abstract: The survey of 32056 urban women showed that 96. 5% of

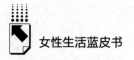
女性生活蓝皮书

women had their own income, and more than half households had an income of 60000 RMB (excluding) to 240000 RMB. In 2022, among the surveyed women and their families' major expenses, those on the child, the housing and the health were on the top list; travel consumption gradually resumed, and the modes of travelling were diverse. In pursuit of new trends in consumption, the top three characteristics of women were "spending carefully when shopping", "online shopping/group buying", and "buying green and energy-saving appliances, and environment-friendly furniture, etc. " As to consumer investment, the surveyed women preferred low-risk products. In terms of consumer rights protection, most of the surveyed women and their families had encountered online consumption problems and strived to protect their legitimate rights and interests. From the survey, it could be seen that healthy consumption was favored, green consumption was more environment-friendly, quality consumption could give them a better experience, brand consumption was more respected, online consumption was more convenient, and women had been more cautious in consumption investment. In order to promote female and family consumption, it is necessary to stabilize the bulk consumption in housing, cars, and other goods, and encourage women and their families to consume; to increase employment opportunities and income, and to enhance the consumption capacity of women and the household; to develop new types of consumption including green consumption service consumption, and to improve the quality of life for women and families; to enhance their consumer rights awareness and effectively improve the consumption environment for women and for households.

Keywords: Women's Consumption; Household Consumption; Consumption Concept; Consumption Rights Protection

180

B . 4 Women Are Leading a Better Life Through Home Reading

　　—*Interpreting the Survey Data of " the Reading Status of*

　　One Thousand Households in Ten Cities"

Women of China Magazine / 125

Abstract: In 2022, according to a survey on 5915 people in 10 cities and 93 districts (counties), 96. 6% of the households had reading habits; 81. 8% had expenses on buying books/subscribing to newspapers and magazines; 18. 4% read more than 30 books annually, and the activity of " Book Reading in Thousands of Families" was currently underway. Home was the first place to read, and reading at home, especially in the book room ranked first, accounting for 84. 5%. Children and mothers became the " leading readers" of the family, cultivating a scholarly family style. As for home reading, 54. 4% of respondents chose paper reading materials (books, newspapers, journals), and over 80% of respondents stated that they had a collection of books at home. This survey shows that women play a unique role in cultivating reading habits and forming a scholarly family atmosphere. At the same time, suggestions are proposed from the perspective of families, such as increasing the number of community libraries, setting an example for social reading trends, and expanding the capacity of high-quality reading books in the new era.

Keywords: Home Reading; Family Book Collection; Scholarly Family Style

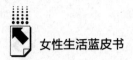
女性生活蓝皮书

B.5 Survey Report on the Situation of "Mother's Post" in Zhongshan and Shunde, Guangdong Province

Youth Theory Study Group of Women of China Magazine / 150

Abstract: After the implementation of the three-child policy, in order to help women balance work and family, the Women's Federations of Zhongshan and Shunde in Guangdong responded positively and jointly established a flexible work system for mothers to reduce their economic burden and solve the problem of imbalanced parenting and work. From April to June 2022, the Youth Theory Study Group of *Women of China* Magazine conducted a survey on the implementation of the "Mother's Post" project in Zhongshan and Shunde through questionnaires, online interviews, and other forms. The result showed that "Mother's Post" not only helped women return to work or achieve reemployment after childbirth, helping them balance work and childcare, but also revitalized surplus labor force, alleviated the difficult employment situation of enterprises, and achieve a win-win situation for women and enterprises.

Keywords: "Mother's Post"; Women's Employment; Flexible Work System; Childcare Policy

Abstract: By collecting survey questionnaires and case interviews, this study analyzed the work and living conditions of female truck drivers in the freight industry. The five most prominent needs of this group were summarized, including driving experience, health and safety, parent-child relationship, career development, and interpersonal communication. Based on these five needs, suggestions are put forward from five directions: "health and comfort," "safety and protection," "parent-child and family relationships," "professional skills," and "personal development.

Keywords: Freight Industry; Female Truck Drivers; "Truck Sister"

皮 书

智库成果出版与传播平台

❖ 皮书定义 ❖

皮书是对中国与世界发展状况和热点问题进行年度监测，以专业的角度、专家的视野和实证研究方法，针对某一领域或区域现状与发展态势展开分析和预测，具备前沿性、原创性、实证性、连续性、时效性等特点的公开出版物，由一系列权威研究报告组成。

❖ 皮书作者 ❖

皮书系列报告作者以国内外一流研究机构、知名高校等重点智库的研究人员为主，多为相关领域一流专家学者，他们的观点代表了当下学界对中国与世界的现实和未来最高水平的解读与分析。

❖ 皮书荣誉 ❖

皮书作为中国社会科学院基础理论研究与应用对策研究融合发展的代表性成果，不仅是哲学社会科学工作者服务中国特色社会主义现代化建设的重要成果，更是助力中国特色新型智库建设、构建中国特色哲学社会科学"三大体系"的重要平台。皮书系列先后被列入"十二五""十三五""十四五"时期国家重点出版物出版专项规划项目；自2013年起，重点皮书被列入中国社会科学院国家哲学社会科学创新工程项目。

皮书网

（网址：www.pishu.cn）

发布皮书研创资讯，传播皮书精彩内容
引领皮书出版潮流，打造皮书服务平台

栏目设置

◆ **关于皮书**

何谓皮书、皮书分类、皮书大事记、
皮书荣誉、皮书出版第一人、皮书编辑部

◆ **最新资讯**

通知公告、新闻动态、媒体聚焦、
网站专题、视频直播、下载专区

◆ **皮书研创**

皮书规范、皮书出版、
皮书研究、研创团队

◆ **皮书评奖评价**

指标体系、皮书评价、皮书评奖

所获荣誉

◆ 2008年、2011年、2014年，皮书网均
在全国新闻出版业网站荣誉评选中获得
"最具商业价值网站"称号；

◆ 2012年，获得"出版业网站百强"称号。

网库合一

2014年，皮书网与皮书数据库端口合
一，实现资源共享，搭建智库成果融合创
新平台。

皮书网

"皮书说"
微信公众号

权威报告·连续出版·独家资源

皮书数据库
ANNUAL REPORT(YEARBOOK)
DATABASE

分析解读当下中国发展变迁的高端智库平台

所获荣誉

- 2022年，入选技术赋能"新闻+"推荐案例
- 2020年，入选全国新闻出版深度融合发展创新案例
- 2019年，入选国家新闻出版署数字出版精品遴选推荐计划
- 2016年，入选"十三五"国家重点电子出版物出版规划骨干工程
- 2013年，荣获"中国出版政府奖·网络出版物奖"提名奖

皮书数据库　　　"社科数托邦"
　　　　　　　　微信公众号

成为用户

　　登录网址www.pishu.com.cn访问皮书数据库网站或下载皮书数据库APP，通过手机号码验证或邮箱验证即可成为皮书数据库用户。

用户福利

- 已注册用户购书后可免费获赠100元皮书数据库充值卡。刮开充值卡涂层获取充值密码，登录并进入"会员中心"—"在线充值"—"充值卡充值"，充值成功即可购买和查看数据库内容。
- 用户福利最终解释权归社会科学文献出版社所有。

社会科学文献出版社 皮书系列
SOCIAL SCIENCES ACADEMIC PRESS (CHINA)

卡号：598366867979
密码：

数据库服务热线：010-59367265
数据库服务QQ：2475522410
数据库服务邮箱：database@ssap.cn
图书销售热线：010-59367070/7028
图书服务QQ：1265056568
图书服务邮箱：duzhe@ssap.cn

S 基本子库
UB DATABASE

中国社会发展数据库（下设12个专题子库）

紧扣人口、政治、外交、法律、教育、医疗卫生、资源环境等12个社会发展领域的前沿和热点，全面整合专业著作、智库报告、学术资讯、调研数据等类型资源，帮助用户追踪中国社会发展动态、研究社会发展战略与政策、了解社会热点问题、分析社会发展趋势。

中国经济发展数据库（下设12专题子库）

内容涵盖宏观经济、产业经济、工业经济、农业经济、财政金融、房地产经济、城市经济、商业贸易等12个重点经济领域，为把握经济运行态势、洞察经济发展规律、研判经济发展趋势、进行经济调控决策提供参考和依据。

中国行业发展数据库（下设17个专题子库）

以中国国民经济行业分类为依据，覆盖金融业、旅游业、交通运输业、能源矿产业、制造业等100多个行业，跟踪分析国民经济相关行业市场运行状况和政策导向，汇集行业发展前沿资讯，为投资、从业及各种经济决策提供理论支撑和实践指导。

中国区域发展数据库（下设4个专题子库）

对中国特定区域内的经济、社会、文化等领域现状与发展情况进行深度分析和预测，涉及省级行政区、城市群、城市、农村等不同维度，研究层级至县及县以下行政区，为学者研究地方经济社会宏观态势、经验模式、发展案例提供支撑，为地方政府决策提供参考。

中国文化传媒数据库（下设18个专题子库）

内容覆盖文化产业、新闻传播、电影娱乐、文学艺术、群众文化、图书情报等18个重点研究领域，聚焦文化传媒领域发展前沿、热点话题、行业实践，服务用户的教学科研、文化投资、企业规划等需要。

世界经济与国际关系数据库（下设6个专题子库）

整合世界经济、国际政治、世界文化与科技、全球性问题、国际组织与国际法、区域研究6大领域研究成果，对世界经济形势、国际形势进行连续性深度分析，对年度热点问题进行专题解读，为研判全球发展趋势提供事实和数据支持。

法律声明

"皮书系列"（含蓝皮书、绿皮书、黄皮书）之品牌由社会科学文献出版社最早使用并持续至今，现已被中国图书行业所熟知。"皮书系列"的相关商标已在国家商标管理部门商标局注册，包括但不限于LOGO（▓）、皮书、Pishu、经济蓝皮书、社会蓝皮书等。"皮书系列"图书的注册商标专用权及封面设计、版式设计的著作权均为社会科学文献出版社所有。未经社会科学文献出版社书面授权许可，任何使用与"皮书系列"图书注册商标、封面设计、版式设计相同或者近似的文字、图形或其组合的行为均系侵权行为。

经作者授权，本书的专有出版权及信息网络传播权等为社会科学文献出版社享有。未经社会科学文献出版社书面授权许可，任何就本书内容的复制、发行或以数字形式进行网络传播的行为均系侵权行为。

社会科学文献出版社将通过法律途径追究上述侵权行为的法律责任，维护自身合法权益。

欢迎社会各界人士对侵犯社会科学文献出版社上述权利的侵权行为进行举报。电话：010-59367121，电子邮箱：fawubu@ssap.cn。

社会科学文献出版社